Beate Weymann-Reichardt

Kindern klare Grenzen setzen

⊙ So fühlen Kinder sich geborgen

⊙ Klare Anweisungen und faire Regeln helfen

⊙ Damit Erziehung wieder leichter wird

südwest

Inhalt

Vorwort

Früher schien die Kindererziehung einfach: Es gab eine Menge allgemein verbindlicher Vorschriften, die das familiäre Zusammenleben regelten: Ein Kind musste den Eltern stets gehorchen, durfte nicht widersprechen und musste bei Fehlverhalten Prügel oder andere körperliche Strafen über sich ergehen lassen. Die Erziehungsziele hießen Gehorsam, Pflichterfüllung, Ordnung und Fleiß.

Heute gibt es jedoch viele Erziehungsansätze, und jede Mutter und jeder Vater ist mehr oder weniger auf sich allein gestellt. Denn die moderne Gesellschaft überlässt die Kindererziehung dem Gewissen jedes Einzelnen.

Dabei ist die Erziehung zweifelsohne eine äußerst anspruchsvolle Aufgabe, die der einer Unternehmensführung in nichts nachsteht. Doch im Gegensatz zu den Topmanagern

der Wirtschaft leisten die meisten Eltern diese Aufgabe ohne entsprechende Ausbildung oder gar finanzielle Entschädigung und Urlaubsanspruch. Doch immer mehr Eltern sind bereit, sich fachmännischen Rat einzuholen, wenn sie selbst nicht mehr weiterwissen.

Wer die Wahl hat, hat die Qual

Doch welcher der vielen Ratschläge ist der richtige, welche Erziehungsform die optimale? Von der gesetzwidrigen Prügelstrafe bis zum antiautoritären Laissez-faire gibt es unzählige Meinungen darüber, was das Beste für unsere Kinder ist. Kein Wunder also, dass viele Eltern nicht mehr wissen, wie sie sich verhalten sollen: Können sie den Nachwuchs sich selbst überlassen, oder sollen sie ihn behüten und schützen, solange es geht? Seelisch verwahrloste Kinder auf der einen Seite, überbehütete auf der anderen –

gerade diese beiden Extreme finden mehr und mehr Verbreitung. Was diese beiden Erziehungsstile verbindet, ist die Tatsache, dass sie nicht selten neurotische und psychotische Störungen hervorrufen und Verhaltensauffälligkeiten begünstigen.

Nicht reden, sondern handeln

Die meisten Eltern distanzieren sich heute von allzu großer Strenge sowie von harten Strafen und Sanktionen. Autoritäre Erziehung ist nicht mehr zeitgemäß. Stattdessen setzen immer mehr auf Toleranz, Großzügigkeit, Verständnis, Förderung, Forderung und Freundschaft. Doch in vielen Familien wird zu viel und zu lang geredet, und großen Worten folgen keine Taten. Darin liegt der Grund, dass viele Kinder sich kaum oder gar nicht danach richten, was ihre Eltern sagen – und das, obwohl die Mutter wie ein Rohrspatz schimpft und der Vater mit üblen Strafen droht.
Ändern können dieses Verhalten nur Sie selbst: indem Sie Ihren Kindern Grenzen setzen und die Einhaltung dieser Regeln konsequent verfolgen. Indem Sie Ihren Kindern ein Vorbild sind und sich selbst an die aufgestellten Regeln ebenso halten wie an alle anderen Abmachungen und Versprechen. Aber auch, indem Sie Ihre Kinder als gleichberechtigte Partner ansehen, deren Bedürfnisse und Wünsche entsprechend ernst genommen werden.

Verständnis, Einfühlungsvermögen und Toleranz stehen heute im Vordergrund der anspruchsvollen Erziehungsaufgaben.

Beate Weymann-Reichardt

Wozu brauchen Kinder Grenzen?

Mit festen Regeln und Grenzen können Eltern ihren Kindern helfen, sich in der Welt besser zurechtzufinden.

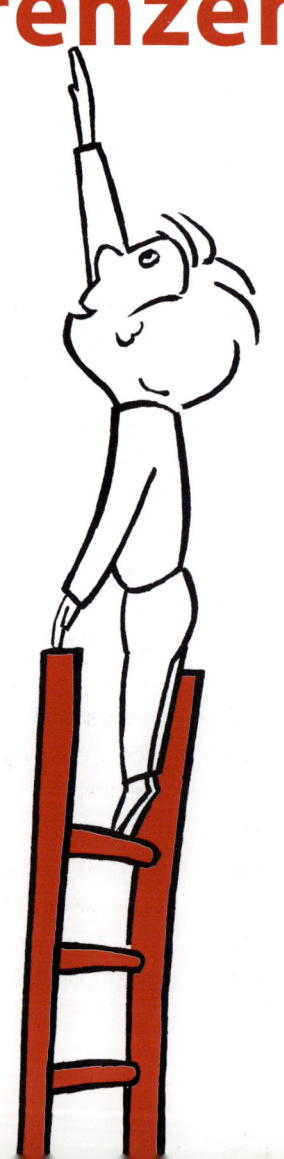

Für die Entwicklung eines Kindes ist es äußerst wichtig, Grenzen kennen zu lernen. Denn Kinder müssen erfahren, dass es einen Punkt gibt, den sie nicht überschreiten dürfen, und dass sie mit Konsequenzen und Sanktionen rechnen müssen, wenn sie es doch tun.

Es ist Ihre Aufgabe als Eltern, die Einhaltung dieser Grenzen mit einer gewissen Hartnäckigkeit zu verfolgen. Das bedeutet auch, Grenzüberschreitungen zu ahnden, damit Verbote keine bloßen Lippenbekenntnisse bleiben. Nur in dem Sie der Grenzüberschreitung Sanktionen folgen lassen, verdeutlichen Sie Ihrem Kind die Ernsthaftigkeit der Angelegenheit.

Kinder brauchen klare Grenzen, die Sie als Eltern setzen müssen: Sagen Sie Ihrem Kind, wie weit es gehen darf und ab wann es mit Konsequenzen rechnen muss. Formulieren Sie diese Regeln unmissverständlich und klar. Ihr Kind muss genau wissen, wo sein persönlicher Handlungsspielraum endet und ab wann Sie eingreifen. Hält es sich nicht an die Vereinbarung, muss es spüren, dass es etwas Verbotenes

getan hat. Schließlich soll das Kind lernen, für Fehler Verantwortung zu übernehmen und das Versäumte wieder gutzumachen.

Wie wichtig sind Grenzen?

Die Welt steckt für Kinder voller Geheimnisse und Abenteuer, erscheint unüberschaubar (und ist sie ja tatsächlich auch). Daher brauchen sie Grenzen und Orientierungshilfen, um sich in ihr zurechtzufinden. Enthalten Sie Ihrem Kind diese Grenzen vor, läuft es zwangsläufig gegen Mauern und stößt sich den Kopf.

Da das Leben selbst Einschränkungen bereithält, wäre es unrealistisch, einem Kind vorzugaukeln, dass alles machbar sei. Denn selbst wenn Eltern und Großeltern versuchen, alle Wünsche zu erfüllen, werden irgendwann unüberwindbare Grenzen auftauchen.

Wer setzt die Grenzen?

Nicht jede Grenze gleicht der anderen: Zum einen setzen Menschen und Institutionen Grenzen (zum

> Viele Mütter glauben von Natur aus zu wissen, was gut für ihre Kinder ist – obwohl das oft nicht stimmt.

> **Sanktionen bei Grenzüberschreitungen dürfen niemals psychische oder physische Gewalt beinhalten.**

Beispiel Eltern, Erzieher, Lehrer), zum anderen die Umwelt (so ist beispielsweise die Straße in erster Linie für Autos da oder das Freibad im Winter geschlossen). Nicht zuletzt lässt auch die eigene Persönlichkeit Kinder an Grenzen stoßen: Beim einen lässt die Geduld sehr zu wünschen übrig, das andere ist ohne zehn Stunden Schlaf nicht leistungsfähig, beim dritten bleibt die Handschrift trotz intensiven Übens ein Gekritzel.

Es erscheint daher angemessen, Kinder schon frühzeitig an Grenzen zu gewöhnen, damit es ihnen später leichter fällt, mit den Menschen und der Welt zurechtzukommen. Grenzenlose Kinder müssen sich nämlich bei jedem neuen Hindernis wundern, beschweren und gegen die unbekannte Grenze ankämpfen – schließlich hat doch zu Hause auch immer alles geklappt. Eine solche Situation kann für Kind und Beteiligte sehr unangenehm und schmerzhaft sein. Es lohnt sich also, Kindern einen anderen Weg aufzuzeigen.

Kinder schauen nicht voraus

Kinder sind noch nicht in der Lage, Situationen objektiv und rational zu beurteilen. So weiß ein Kleinkind, das gerade dabei ist, die Welt zu entdecken, nicht, wie gefährlich Steckdose und eingeschaltetes Bügeleisen sind. Ein anderes denkt nicht daran, dass es am nächsten Morgen müde und schlecht gelaunt sein wird, wenn es am Vorabend nicht rechtzeitig ins Bett geht. Es ist Ihre Aufgabe, dem Kind Grenzen zu setzen – auch gegen seinen Willen. Je älter und reifer ein Kind ist, desto besser versteht es den Sinn und Zweck hinter Regeln, Geboten, Verboten und Grenzen. Es merkt auch, dass das gemeinsame Leben leichter ist und mehr Freude macht, wenn sich alle an gewisse Regeln und Grenzen halten.

GRENZEN SIND WICHTIG

Es ist heute unter Fachleuten unumstritten, dass Grenzen in der Erziehung unabdingbar sind. Einer amerikanischen Studie zufolge sind vor allem diejenigen Kinder besonders selbstbewusst, kontrolliert, zufrieden, unternehmungslustig und unabhängig, deren Erziehung auf der einen Seite zwar eine besondere menschliche Wärme anbot, auf der anderen Seite aber auch feste Regeln bereithielt.

Wie eng müssen Grenzen sein?

Überlegen Sie sich gut, wo die Grenzen liegen sollen. Setzen Sie sie nämlich zu eng, fühlt sich Ihr Kind stark eingeengt und wird mit großer Wahrscheinlichkeit bald heftig protestieren. Auch für die Eltern bedeuten sehr enge Grenzen viel Stress, da sie eine verstärkte Kontrolle notwendig machen, um zu überprüfen, ob die Regeln eingehalten werden.

Weniger ist mehr

Es langweilt Kinder nicht nur, wenn sie permanent ermahnt werden, sie lassen sich wie Erwachsene auch nicht gerne in ihrer Freiheit einschränken. Schon Kleinkinder wehren sich, wenn ihnen die Eltern zu viel hineinreden, ihnen alles Mögliche vorschreiben möchten und sie nichts ausprobieren lassen. Sie fühlen sich von der Masse an Regeln, Geboten und Grenzen überfordert, schaffen es nicht, den Überblick zu behalten. Schnell hat das Kind den Eindruck, alles, was es gerne tun würde, wäre in gewisser Weise verboten und falsch. Eine mögliche Reaktion auf dieses spezifische Verhalten der Eltern kann sein, dass das Kind alles an sich abprallen lässt. Denn ein Leben voller Vorschriften macht einfach keinen Spaß! Reduzieren Sie deshalb die Grenzen auf das Wesentliche.

Wie weit dürfen Sie gehen?

Werden dagegen die Grenzen zu locker gesetzt, besteht die Gefahr, dass die Erziehung aus dem Ruder läuft und Eltern zu wenig Einfluss auf ihre Kinder nehmen können. Wollen sie dies wieder ändern, müssen die neuen Grenzen gerade am Anfang besonders eng gezogen werden, was zwangsläufig zu vehementem kindlichem Protest führt. Denn für das Kind ist der Unterschied zwischen vorher und nachher immens und nicht immer nachvollziehbar. Unter dem Grenzwechsel kann darüber hinaus auch die Eltern-Kind-Beziehung leiden, da keine ausreichend starke Bindung entsteht bzw. diese nicht aufrechterhalten werden kann. Das Kind fühlt sich unter Umständen nicht genug »gehalten« und geborgen.

Ein Familienklima, das sich durch große Offenheit, Wärme und ein liebevolles Miteinander auszeichnet, erleichtert es Kindern, Grenzen einzuhalten.

Jedes Kind ist anders

Wie viele Grenzen Sie Ihrem Kind setzen, hängt nicht nur vom Erziehungsstil, sondern auch von der Persönlichkeit des Nachwuchses ab. So brauchen lebhafte, unvorsichtige Kinder mehr Grenzen als ruhige, beobachtende, vernünftige. Manche Kinder reagieren schon auf die leiseste Warnung, anderen dagegen kommt man mit Worten fast nicht bei. Wenn Sie Ihr Kind genau beobachten, wissen Sie, wo Sie Grenzen setzen müssen.

Auch das Alter spielt eine wichtige Rolle. Je jünger ein Kind ist, desto engere Grenzen und desto mehr Hilfestellung braucht es im Allgemeinen. Bestimmte Verhaltensregeln müssen jedoch nicht für die nächsten zehn Jahre festgeschrieben werden, sondern sollten dem Alter und der Persönlichkeitsentwicklung Ihres Kindes angepasst sein. Je älter und damit reifer das Kind, desto mehr Grenzen können Sie auflösen. Ein Beispiel: Steckdosen sind für Kleinkinder tabu, ältere Kinder dürfen sich selbst den Haartrockner einstecken. Jüngere Kinder dürfen nicht alleine ins Schwimmbad, was sich aber ändert, wenn sie die »Freischwimmer-Prüfung« haben.

Sicherheit geht vor

Grenzen sind immer dann unverzichtbar, wenn die Gesundheit oder das Leben Ihres Kindes durch eine bestimmte Verhaltensweise sogar gefährdet ist. Um Kinder vor Gefahren zu schützen und ihre Sicherheit zu gewährleisten, ist es wichtig, frühzeitig klare Grenzen zu ziehen, beispielsweise indem Sie Medikamente, Chemikalien oder Putzmittel kindersicher aufbewahren, den Zugang zu offenen Fenstern und ungesicherten Treppen verwehren oder den Umgang mit Messer, Gabel und Schere nur unter Ihrer Aufsicht erlauben.

> **Wer sein Kind im Alltag genau beobachtet, weiß, in welchen Situationen es klare Grenzen benötigt.**

KINDER BRAUCHEN IHRE HILFE

Geben Eltern ihren Kindern nicht gewisse Richtlinien vor, haben diese schnell das Gefühl der Grenzenlosigkeit. Darf das Kind beispielsweise ins Bett gehen, wann es möchte, oder selbst entscheiden, wie oft und wie lange der Fernseher läuft? Wird es ihm selbst überlassen, ob es jeden Tag Fastfood essen darf oder für was es sein Geld ausgibt? Vergessen Sie nicht, dass Kinder bestimmte Entscheidungen einfach noch nicht allein treffen können, da sie sich der Folgen nicht bewusst sind.

Die meisten Eltern handeln in solchen Situationen automatisch richtig und zögern nicht lange; es fällt ihnen also leicht, Grenzen zu setzen. Schließlich geht es um die Gesundheit ihres Kindes.

Rechte und Bedürfnisse der Mitmenschen

Vergessen Sie auch nicht, Ihre eigenen Bedürfnisse sowie die Ihrer Mitmenschen (Ehepartner, Freunde, Großeltern etc.) zu berücksichtigen. Ihr Kind muss lernen, die Rechte anderer zu respektieren. Viele Eltern sind zu Unrecht unsicher, ob ihre persönlichen Bedürfnisse wirklich so wichtig sind, ob sie als treu sorgende Mütter und Väter nicht verzichten müssten und ob sie ihrem Kind wirklich zumuten können, auf sie Rücksicht zu nehmen.

So setzen Sie Grenzen richtig

Denken Sie in Ruhe darüber nach, und informieren Sie sich über mögliche Folgen der Grenzsetzung. Können Sie es beispielsweise zulassen, dass Ihr Kind sich nur von Fastfood ernährt? Wissen Sie, wie viel Schlaf

ein Dreijähriges braucht oder wie hoch das Taschengeld eines Erstklässlers sein sollte?

Treffen Sie dann eine Entscheidung, und probieren Sie aus, inwieweit sich Ihr Wunsch im Alltag realisieren lässt. Nach einer Zeit lohnt sich die Reflexion: Sind Entscheidung und gesetzte Grenze sinnvoll gewesen, haben sie gehalten, was Sie sich davon versprochen haben? Können Sie auf dieselbe Weise weitermachen, oder sind Verbesserungen und Veränderungen angebracht?

Augen zu und durch?

Machen Sie sich bewusst, in welchen Fällen Sie auf gar keinen Fall nachgeben wollen und wann Sie

Wenn es um die Sicherheit ihres Kindes geht, fällt es allen Eltern leicht, Grenzen zu setzen.

Ein viel versprechendes Erziehungsziel: so wenig Grenzen wie möglich, aber so viele wie nötig.

Seien Sie realistisch! Überprüfen Sie, ob Ihr Kind die aufgestellten Regeln einhalten kann. Wie soll es beispielsweise sein Zimmer in einer Stunde aufräumen, wenn Sie selbst mindestens so lange dafür bräuchten?

einmal ein Auge zudrücken können. Gibt es hinsichtlich bestimmter Grenzen keine Diskussion, sollten Sie Ihre Meinung kompromisslos vertreten, auch wenn Sie damit beim Nachwuchs zunächst großes Geschrei verursachen.

Prinzipiell jedoch gilt, dass Sie Ihren Kindern nur dann Grenzen setzen sollten, wenn es zwingend erforderlich ist. Genauso wichtig ist aber auch, dass die Regeln für längere Zeit ihre Richtigkeit haben und nicht übermorgen wieder hinfällig sind. Nur wenn Sie als Eltern von einer bestimmten Grenzziehung überzeugt sind, sind Sie glaubwürdig und können diese Grenze entsprechend verteidigen. Dabei wird

es auch nicht ausbleiben, dass Ihr Kind eine Erklärung fordert, warum gerade hier eine Regelung notwendig ist. Legen Sie ihm Ihre Position dar, fassen Sie sich jedoch kurz, denn zu lange Erklärungen langweilen die Kleinen nur.

Diskutieren erlaubt!

Mit zunehmendem Alter der Kinder kann es zu nervenaufreibenden Diskussionen über die verschiedensten Themen kommen (Mithilfe im Haushalt, Taschengeld, Hausaufgaben usw.), die Zeit und Mühe von Ihnen fordern. Dabei wird es sich nicht vermeiden lassen, dass der Haussegen ab und an schief hängt. Trotzdem sind diese Diskussionen für Ihr Kind ein wichtiger Schritt zur Selbstständigkeit und zur Bildung einer unabhängigen, fundierten Meinung.

Nicht immer wollen Kinder ihre Grenzen im richtigen Moment austesten. Wenn Sie also gerade schlecht gelaunt oder traurig sind oder sich körperlich nicht ganz fit fühlen, sollten Sie die nervenaufreibenden Dispute lieber auf einen anderen Zeitpunkt verschieben.

AUCH ELTERN HABEN RECHTE

Kinder müssen lernen zu verzichten, um die Bedürfnisse und Rechte anderer nicht zu verletzen. Braucht die Mutter nach einem Arbeitstag eine kurze Entspannungsphase, müssen die Kinder Rücksicht darauf nehmen. Hat der Vater Halsschmerzen, kann er vor dem Schlafengehen nicht vorlesen. Haben die Eltern keine Lust zum Kartenspielen, müssen die Kinder das akzeptieren. Wollen Sie abends einmal ausgehen, muss Ihr Nachwuchs ohne lange Diskussionen bei Babysitter, Großeltern oder Freunden bleiben.

Anderenfalls ist schnell – oft zu schnell – der Moment erreicht, in dem Ihnen der Kragen platzt.

Wenn Grenzen überschritten werden

Selbst wenn Sie im ersten Moment wütend oder traurig über Ihr Kind sind: Grenzüberschreitungen beinhalten einen Sinn. Vielleicht sind die Grenzen ja bereits zu einem starren Korsett verkommen, das die Entfaltung, die Entwicklung und den Forscherdrang Ihres Kindes beschränkt. Das Bewusstsein, eine Grenze überschritten zu haben, kann sich dagegen positiv auf ein Kind auswirken. Denn um eine Regel zu durchbrechen ist einiges an Mut, Vorbehalten und Rebellion gegen den elterlichen Willen nötig.

Kinder müssen lernen
Indem Ihr Kind etwas Verbotenes tut, kann es zum einen überprüfen, ob Sie ihm die Wahrheit gesagt haben (beispielsweise ob es wirklich weh tut, wenn man sich mit einer Nadel sticht). Zum anderen möchte es natürlich auch austesten, wie ernst Sie es mit einem Verbot meinen, wie Sie gegen einen Verstoß reagieren und ob Sie trotz mehrmaligen Versuche konsequent bleiben oder ob Sie sich erweichen lassen, wenn Ihr Kind nur intensiv genug seinen Wunsch einfordert. Überschreiten Kinder nie eine Grenze, erfahren sie auch nicht, welche Gefühle sie durch ihr fehlerhaftes Verhalten bei den Eltern auslösen (Zorn, Enttäuschung, Angst, Frustration usw.). Sie wissen nicht, ob und auf welche Weise ihre Eltern mit ihnen schimpfen oder ob und wie sie bestraft werden. Sie können daher auch nicht aus ihrem Verhalten lernen.

Selbstsichere Kinder
Jedes Kind sollte sich darin versuchen dürfen, gesunden Widerstand zu leisten und Regeln infrage zu stellen. Denn Kinder müssen nicht nur lernen zu gehorchen, sondern auch Argumente anderer (auch die ihrer Eltern) infrage zu stellen. Wenn Sie verantwortungsvolle, selbstständige und selbstsichere Menschen heranziehen wollen, müssen Ihre Kinder die Fähigkeit entwik-

> **Damit sich die nächste Generation von der vorherigen unterscheidet, müssen Grenzen überschritten und neue Perspektiven entwickelt werden.**

Sich gegenseitig mit Respekt und Achtung zu behandeln hilft, auch schwierige Diskussionen zu überstehen, ohne den anderen zu verletzen und zu kränken, oder die Situation zu verallgemeinern.

keln, Dinge zu hinterfragen, sich selbst Gedanken zu einem Thema zu machen, eine unabhängige Meinung zu bilden und nach Kompromissen zu suchen. Versuchen Sie daher, sich im konkreten Problemfall immer wieder zu vergegenwärtigen, dass auch Kritikfähigkeit, eine eigene Meinung und die Gewissensbildung wichtige Ziele Ihrer Erziehung sein sollten. Dadurch entspannt sich häufig nicht nur die Situation, auch Konflikte lassen sich besser bewältigen.

Bevor Sie sich auf lange und nervenaufreibende Diskussionen einlassen, sollten Sie jedoch überlegen, ob nicht so manche Regel eher aus einer Laune heraus entstanden

ist als aus wirklich wichtigen Gründen. In solch einem Fall sollten Sie als Erziehungsberechtigte ruhig einmal zugeben, einen Fehler gemacht zu haben. Sie werden sehen, dass dieses Verhalten nicht nur die Situation und das allgemeine Miteinander ungemein entspannt, sondern gleichzeitig auch Ihre Vorbildfunktion stärkt. Denn Ihr Kind wird schneller einmal einen Fehler eingestehen, wenn es von den Eltern gelernt hat, dass dies keine Schande ist.

Auch Nein sagen ist wichtig

Nur wenn ein Kind massiv eingeschüchtert wurde, traut es sich nie, eine Grenze auch nur minimal zu überschreiten. Es gehorcht den Erwachsenen praktisch willenlos. Dabei besteht die Gefahr, dass es sich auch gegen körperliche und seelische Gewalt nicht zu wehren wagt. In diesem Zusammenhang muss auch auf sexuellen Missbrauch hingewiesen werden. Indem Kinder absoluten Gehorsam lernen, verlernen sie gleichzeitig, auf sich selbst und ihren eigenen Körper zu

NICHT IMMER WIEDER DISKUTIEREN

Viele Eltern müssen nicht nur lernen, selbstsicher und selbstbewusst Grenzen zu setzen, sondern diese auch konsequent einzuhalten. Dazu gehört auch, nicht immer wieder mit dem Nachwuchs über ein und dieselbe Angelegenheit zu diskutieren. Haben Sie die Sache einmal ausführlich mit Ihrem Kind besprochen und eine feste Regelung getroffen, sollten Sie in der nächsten Zeit weitere Diskussionen zum Thema strikt ablehnen. Verletzt Ihr Kind die Regel, genügt ein kurzer Hinweis auf das Abgemachte.

hören und sich bei Gefahr zu verteidigen. In einer möglichen Missbrauchssituation schreien sie nicht laut, schlagen und treten nicht und werden tun, was von ihnen verlangt wird. Denn sie wissen nicht, dass sie in diesem Fall eine Grenze überschreiten müssen.

Kinder, die Übung darin haben, Grenzen infrage zu stellen, können dagegen schneller reagieren. Sie sind selbstbewusster und haben vermutlich bereits einmal die Erfahrung gemacht, dass sich Erwachsene irren und daher auch falsch handeln können.

Fazit

Eltern müssen Ihren Kindern klare Grenzen setzen und deren Einhaltung mit Konsequenz verfolgen. Auf diese Weise erleichtern sie es ihnen, sich in unserer scheinbar unüberschaubaren Welt besser zurechtzufinden.

Tipps für die Praxis

➢ Übertreiben Sie nicht: Setzen Sie Ihrem Kind nicht mehr Regeln als unbedingt nötig.

➢ Lassen Sie sich nie zu Gewalt gegenüber Ihrem Kind hinreißen. Wenn Sie sich einer Diskussion nicht gewachsen fühlen, verlassen Sie den Raum und klären Sie die Situation später.

➢ Vertreten Sie Ihre Meinung konsequent. Reagieren Sie auf dasselbe Verhalten Ihres Kindes nicht einmal verärgert, dann wieder lachend.

➢ Nicht artig zu sein oder nicht zu folgen ist in vielen Familien kein Ausnahmezustand, sondern Normalität. Bleiben Sie daher gelassen, wenn Ihr Kind sich wieder einmal einer Regel widersetzt.

➢ Machen Sie sich klar, dass Kinder grundsätzlich weniger Skrupel haben, eine Grenze zu übertreten, als Erwachsene. Es ist jedoch nicht immer böse gemeint: Gerade kleine Kinder denken über Konsequenzen noch nicht nach – unter Umständen auch, weil sie sich dadurch überfordert fühlen.

➢ Bestehen Sie nicht stur auf Grenzen: Überprüfen Sie, ob es in Ihrer Familie Regeln gibt, die lediglich aus einer bestimmten Laune heraus aufgestellt wurden.

➢ Lernen Sie, Fehler zuzugeben, das entspannt und überzeugt.

Um Konflikte besser zu bewältigen, müssen Eltern begreifen, dass es zur Entwicklung eines starken Kindes auch gehört, Grenzen zu überschreiten und Regeln zu brechen.

Die konsequente Erziehung

Neben einer großen Portion Liebe ist vor allem das konsequente Verhalten der Eltern für eine gute Erziehung wichtig.

Einer der wichtigsten Grundpfeiler der Erziehung ist Konsequenz. Dies bedeutet, dass dem gleichen Verhalten des Kindes stets die gleiche Reaktion der Eltern folgen sollte. Denn nur durch die Berechenbarkeit und Zuverlässigkeit ihrer Eltern können sich Kinder in unserer unübersichtlichen und komplizierten Welt orientieren.

Bedenken Sie, dass konsequentes Verhalten immer auch eine Logik beinhaltet. Haben Sie etwa Ihrem Kind verboten, im Wohnzimmer zu basteln und Papier auszuschneiden, so muss es die Schnipsel danach selbst wegsaugen. Hat es ein Spielzeug absichtlich kaputt gemacht, kaufen Sie ihm kein neues. Versuchen Sie, Grenzüberschreitungen, so oft es geht, mit logischen Folgen entgegenzutreten. Denn schon kleine Kinder können diese in den meisten Fällen verstehen. Außerdem verderben sie im Gegensatz zu Strafen das Familienklima nicht.

Sicher: Es ist nicht immer leicht, konsequent zu sein. Doch Mühe, Anstrengung und Geduld zahlen sich aus, denn mit der Zeit verringern sich die familiären Machtkämpfe. Die Kinder akzeptieren die von Ihnen gesetzten Grenzen und verstehen im besten Fall sogar Ihre Gründe für die Gebote, Verbote und Verhaltensregeln.

Kinder brauchen Sicherheit

Sagen Eltern heute dies, morgen das, wirken sie unglaubwürdig. Auch ein »Ich weiß nicht« oder »Jein« ist als Antwort auf kindliche Forderungen unangebracht, denn sie verunsichern Ihr Kind. Am Ende nimmt es Ihre Meinungen und Wünsche gar nicht mehr ernst. Darf

Was gestern erlaubt war, darf heute nicht verboten sein und umgekehrt.

NACHLÄSSIGKEITEN NICHT ENTSCHULDIGEN

Achten Sie darauf, das negative Verhalten Ihres Kindes nicht zu bestärken. Ein Beispiel: Ihre Tochter lässt in der ganzen Wohnung ihr Spielzeug liegen. Sie entschuldigen diese Tatsache vor einer Freundin damit, dass die Kleine eben ein bisschen chaotisch sei. Das Kind hört dies. Die Folge: Es merkt und lernt nicht, dass sein Chaos als störend empfunden wird und sich sein Verhalten ändern muss. Weisen Sie stattdessen Ihr Kind auf seine Fehler hin, und schlagen Sie ihm Lösungen vor (z. B. Sie räumen gemeinsam auf, nach dem Aufräumen lesen Sie ihm eine Geschichte vor).

Ihr Kind also beispielsweise an einem Wochenende so lange aufbleiben, wie es will, dürfen Sie am nächsten nicht wütend sein, wenn es um 19 Uhr noch nicht im Bett ist.

Vertrauen schaffen

Kinder vertrauen ihren Eltern. Wenn diese jedoch auf stets wiederkehrende alltägliche Dinge launenhaft und je nach persönlicher Stimmung unterschiedlich reagieren, schrumpft das kindliche Vertrauen bald. Die Kleinen fühlen sich nicht ernst genommen, nicht geachtet und beginnen schließlich sogar, an sich selbst zu zweifeln.

Dies wiederum hat zur Folge, dass sie den Eltern weniger positive Gefühle entgegenbringen, um nicht ständig enttäuscht zu werden. Schließlich erwies sich die Hoffnung auf Unterstützung und Hilfe der Eltern als trügerisch.

Kinder, die immer wieder diese schmerzliche Erfahrung gemacht haben, sind von ihren Eltern tief enttäuscht und suchen sich in der Regel andere Personen oder Institutionen, auf die sie sich verlassen können. Die gesamte familiäre

Beziehung leidet also stark, wenn Kinder glauben, dass sie den Eltern nicht genug am Herzen liegen.

Indem Sie dagegen Grenzen setzen und feste Regeln aufstellen, stärken Sie die Beziehung zu Ihrem Kind. Denn es kann Ihnen vertrauen und Ihre Reaktion auf sein eigenes Verhalten einschätzen.

Positive Erfahrungen spornen an

Wie Sie auf das Verhalten Ihres Kindes reagieren, trägt maßgeblich dazu bei, ob es jenes beibehalten wird oder nicht. Angenehme Konsequenzen führen dabei dazu, dass das gute Verhalten wiederholt wird. Loben Sie Ihr Kind beispielsweise, wird seine Handlung positiv verstärkt. Dagegen tragen negative Konsequenzen nicht dazu bei, dass unerwünschtes Verhalten abnimmt oder sogar ganz eingestellt wird.

Ausnahmen bestätigen die Regel

Natürlich stoßen auch konsequente Eltern irgendwann an ihre Grenzen. Seien Sie daher nur so konsequent

Für Kinder ist es sehr wichtig, zu merken dass alle Menschen im Großen und Ganzen übersichtlichen Regeln folgen.

wie nötig, damit Ihr Verhalten nicht in Sturheit ausartet. Drücken Sie ruhig auch einmal ein Auge zu, denn bekanntlich bestätigen Ausnahmen die Regel.

Doch auch für Ausnahmen sollten wiederum Regeln gelten. So darf Ihr Sohn zum Beispiel an Silvester zwar länger aufbleiben. Treibt er allerdings nur noch Unfug, schicken Sie ihn ins Bett. Die Tochter darf den Vater ins Büro begleiten, wird aber von der Mutter gleich wieder abgeholt, wenn sie sich dort nicht wie abgemacht ruhig verhält.

Keine Angst, dass Ihre Glaubwürdigkeit leidet, wenn Sie einmal etwas durchgehen lassen. Im Gegenteil: Indem Sie ab und zu das »Außerordentliche« erlauben, entspannt sich die Lage ungemein. Ihr Kind erlebt sie als großzügig, gütig, spontan und liebevoll, auch wenn es weiß, dass die Situation zeitlich begrenzt ist. Es nimmt eine zwar lockere, aber dennoch vorhandene und wirksame Grenze wahr. Sie selbst sehen Ihr Kind ausgelassen und fröhlich und erleben, wie einfach es ist, Konflikte zu lösen und ein Kind glücklich zu machen.

Konflikte bewältigen

Manchmal durchbrechen Kinder die Regeln und Normen der Erwachsenen absichtlich. Dies kann aus Übermut geschehen, aber auch, um irgendeine Reaktion der Eltern zu erzwingen (siehe Seite 27). Nimmt dieses Verhalten zu und widersetzt sich ein Kind trotz elterlichen Rats, Mahnungen und Drohungen selbst den simpelsten Regeln, liegen die Nerven der Erziehungsberechtigten blank.

Nicht die Beherrschung verlieren

Viele Eltern reagieren bei Überlastung, Überforderung und Erschöpfung unkontrolliert: Sie schreien

Konsequenzen aufzuzeigen bedeutet, die Folgen des eigenen Handelns bewusst zu machen. Das Kind kann dann zwischen Anpassung und Regelverstoß wählen.

Wenn Ihr Kind Sie ernst nehmen soll, müssen Sie leere Drohungen vermeiden.

ihre Kinder an, im schlimmsten Fall rutscht ihnen sogar die Hand aus. Dabei ist es für Eltern gerade bei Regelverstößen wichtig, selbst die Ruhe zu bewahren und nicht die Beherrschung zu verlieren – auch dann, wenn das Kind äußerst widerspenstig ist.

Leere Drohungen

Ebenso ungünstig ist es, ständig zu drohen (»Wenn du das noch einmal machst, dann ist aber was los...« oder »Erwische ich dich das nächste Mal dabei, sage ich es deinem Vater!«). Kinder merken schnell, wenn es nur bei bloßen Worten bleibt und keine Taten folgen. Dementsprechend nehmen sie die Drohung nicht mehr ernst.

Gerade übertrieben strenge Strafen lassen sich in der Praxis nur schwer umsetzen und machen daher auf Kinder kaum Eindruck. Sie führen darüber hinaus aber auch zu einer anderen nicht unerheblichen Problematik: Wenn Sie bereits bei einem kleinen Malheur massiv mit Drohungen um sich werfen, wie wollen Sie sich dann bei richtig schweren Fehltritten verhalten?

Wenn Ihre Ankündigungen schon vorher folgenlos blieben, was hätte Ihr Kind dann zu erwarten?

Einfach ignorieren!

Kinder wollen die Aufmerksamkeit ihrer Eltern – egal, auf welchem Wege. Notfalls nehmen sie sogar negative Aufmerksamkeit in Kauf (wie Schimpfen). Schenkt man ihnen dagegen in solch einem Fall keine Beachtung, geben sie schnell wieder auf. Schließlich macht es keinen Sinn zu streiten, wenn niemand eingreift. Ebenso ist Schreien wenig erfolgversprechend, wenn die Eltern nicht in der Nähe sind. Indem Sie also unerwünschtes Verhalten ignorieren, erledigt sich das Problem meist von allein.

Auf diese Weise lernt Ihr Kind, dass Sie es nicht beachten, wenn es unangebrachte Verhaltensweisen an den Tag legt, und Sie müssen weder lange diskutieren, erklären oder schimpfen noch Ihre Nerven unnötig strapazieren.

Konflikte gemeinsam lösen

Lässt sich ein Konflikt nicht durch ein bestimmtes »Nein« der Eltern

Die konsequente Erziehung erfolgt bereits im ersten Lebensjahr. Machen Sie Ihrem Kind von Anfang an deutlich, dass Sie Verbote ernst meinen und Ihre Meinung auch durchsetzen.

lösen, muss nach einem für alle Beteiligten akzeptablen Kompromiss gesucht werden. Führen Sie solche Gespräche nie im Vorbeigehen zwischen Tür und Angel, sondern finden Sie einen Termin, an dem Sie ausreichend Zeit haben und alles ohne Hektik besprechen können. Schon damit signalisieren Sie Ihrem Kind, dass Sie es wichtig nehmen und sich mit seinen Ansichten auseinand ersetzen wollen. Je älter Ihr Kind ist, desto häufiger sollten Sie diesen viel versprechenden Weg gehen, um Konflikte zu bewältigen.

Bei der Wahl des richtigen Gesprächszeitpunktes sollten Sie die so genannte 4x4-Regel berücksichtigen. Halten Sie Ihre Krisenbesprechung weder

➤ vier Minuten nach dem Wachwerden,

➤ vier Minuten vor dem Zu-Bett Gehen,

➤ vier Minuten vor dem Aus-dem-Haus-Gehen noch

➤ vier Minuten nach dem Nach-Hause-Kommen.

Ebenso wichtig wie der optimale Zeitpunkt ist auch die eigene Selbstbeherrschung. Nehmen Sie jeden Vorschlag Ihres Kindes unvoreingenommen und unbewertet zur Kenntnis. Dadurch fühlt es sich ernst genommen. Überlegen Sie anschließend gemeinsam, welche Vor- und Nachteile die einzelnen Ideen mit sich bringen. Dabei ist es von Vorteil, wenn das von Ihnen erwünschte Ziel vorher genau festgelegt wurde (beispielsweise die Hausaufgaben nicht irgendwann, sondern gleich nach dem Mittagessen zu machen).

Vergessen Sie nicht, nach einer gewissen Zeit noch einmal zu überprüfen, ob sich die gefundene Lösung praktisch gut umsetzen lässt und ob alle Parteien mit dem Ergebnis zufrieden sind. Fällt diese Erfolgskontrolle negativ aus, muss nachgebessert werden.

> **Konsequenz ist vor allem dann enorm wichtig, wenn eine bestimmte Verhaltensweise des Kindes erwünscht ist. Möchten Sie beispielsweise, dass Ihr Kind nur am Wochenende fernsieht, müssen Sie diesen Standpunkt die ganze Woche über vertreten.**

RUHE BEWAHREN

Es ist absolut nicht ungewöhnlich, dass ein Kind wütend und zornig reagiert, wenn man ihm Grenzen setzt. Der oft heftige Zorn des Kindes darf die Eltern aber nicht dazu veranlassen, klein beizugeben. Es ist sehr wichtig, dass Sie bei einem Wutausbruch Ihres Kindes gelassen bleiben. Nur so verlieren Sie nicht die Kontrolle über die Situation.

Die paradoxe Intervention

Es gibt Fälle, in denen sich ein Problem durch direkte Auseinandersetzung nicht lösen lässt oder sich dadurch sogar noch verschlimmert. In so einer Situation kann sich ein Versuch mit der so genannten paradoxen Intervention lohnen, um dem Verhalten des Kindes etwas Positives abzugewinnen und die eigene Wut zu verringern. Denn sind Sie erst einmal in einem Teufelskreis gefangen, lässt sich mit widersprüchlichen Methoden oft mehr erreichen als mit immer härteren Strafen, durch die sich Ihr Kind verletzt und ungerecht behandelt fühlt.

Ein Beispiel: Ihr Sohn weigert sich standhaft, selbst sein Zimmer aufzuräumen. Die Schubladen liegen auf dem Boden, Schrank und Regal sind ausgeräumt, nichts ist mehr an seinem Platz. Sie können nun diskutieren und schimpfen, streiten und bestrafen oder es einmal so versuchen: »Sag mal, hast du heute Vormittag etwas von dem Einbruch in unserer Wohnung mitbekommen? Hoffentlich hattest du nichts Wertvolles in deinem Zimmer? Hast du schon geschaut, ob dein Taschengeld noch da ist? In deinem Zimmer sieht es vielleicht aus, da war mir gleich klar, dass hier jemand eingebrochen haben muss!«

Spielen Sie das Unschuldslamm, und übertreiben Sie, ohne jedoch Ihrem Sohn Vorwürfe zu machen. So muss er sich nicht rechtfertigen und vielleicht sogar lachen, was ihm wiederum hilft, die Problematik aus einer anderen Perspektive zu betrachten. Auch im späteren Leben hilft es oft, wenn Kinder gelernt haben, übermäßigen Ängsten, Spannungen, Problemen und Krisen mit Humor zu begegnen. Denn Lachen verbessert menschliche Beziehungen und schafft eine positive Atmosphäre.

> **Eltern, die alles erlauben, kommen bei Meinungsumfragen unter Kindern nicht besonders gut weg.**

> **Bleiben Sie beim Streiten sachlich, damit die Situation nicht eskaliert und die Beziehung nicht aus dem Gleichgewicht gerät.**

Kommunikation in der Familie

Sind Sie gerade nicht in der Lage, nüchtern und ohne Vorwürfe und Geschrei miteinander zu kommunizieren, sollten Sie sich eine Ruhepause gönnen. Denn Ihre negativen Gefühle müssen erst verarbeitet werden, ehe eine Versöhnung stattfinden kann.

Der Ton macht die Musik

Sie können Ihrem Kind die Gründe erklären, weshalb etwas nicht machbar ist oder eine Grenze gezogen wird. Folgt das Kind dann nicht, müssen Sie bestimmter auftreten und sehr ruhig und ganz klar »Nein« sagen. Ihr Tonfall sagt dabei schon viel darüber aus, ob Sie mit sich verhandeln lassen oder nicht. Hört das Kind nur den leisesten Ton der Unsicherheit und Wankelmütigkeit, wird es weiter versuchen, seine Interessen durchzusetzen. Hilft auch das Verbot nicht, sollten Sie das Diskussionsobjekt unbedingt entfernen, das Kind von ihm wegholen oder es ablenken. Ziehen Sie Ihr Kind jedoch nur dann zur Rechenschaft,

wenn es eine bestimmte, ihm schon bekannte Regel missachtet hat, also wusste, dass es etwas Verbotenes tat. In diesem Fall muss es auch die Konsequenzen tragen. Die Kenntnis und das Bewusstsein darüber stellt eine bedeutende Grundlage für die moralische und persönliche Entwicklung des Kindes dar.

Glaubwürdig sein

Kinder sind durchaus in der Lage, auf Anhieb zu gehorchen, wenn sie wissen, dass ein Erwachsener es ernst meint. Ebenso können Eltern davon ausgehen, dass ein durchschnittlich intelligentes Kind bereits beim ersten Mal sehr wohl versteht, was von ihm verlangt wird. Entscheidend dafür ist jedoch, dass der Nachwuchs davon überzeugt ist, dass der Erwachsene sich im Klaren darüber ist, was er wirklich will. Große Worte ohne darauffolgende Taten sind nichts wert.

Letzteres gilt im Übrigen nicht nur für Drohungen und Strafen. Doch gerade Versprechungen und Co. werden von den Eltern oft nicht konsequent eingehalten. Versprechen Sie etwa Ihrem Kind zur Beloh-

Überlegen Sie im Voraus, welche Konsequenzen ein bestimmtes Verhalten nach sich ziehen soll. Im Eifer des Gefechts werden sonst oft Folgen angedroht, die entweder zu streng oder zu unlogisch sind oder sich nicht realisieren lassen.

nung für sein gutes Benehmen, am Abend zwei Geschichten vorzulesen, müssen Sie dies auch einhalten, sonst leidet Ihre Glaubwürdigkeit. Dies wiederum kann zur Folge haben, dass das Kind in einem anderen Fall auch eine angekündigte Strafe für irrelevant hält.

Achten Sie auf Ihre Körpersprache!

Eine US-amerikanische Studie ergab, dass lediglich sieben Prozent unserer Kommunikation tatsächlich über den eigentlichen Inhalt der Worte erfolgt. 38 Prozent dagegen machen Stimmlage und Art des Sprechens aus, Körpersprache und Mimik sogar 55 Prozent.

Wenn Sie also beispielsweise über Ihre eigene Wut sprechen, dürfen Sie Ihrem Kind nicht gleichzeitig einen Kuss verpassen, denn Worte und Körpersprache würden sich gänzlich widersprechen.

Doch gerade zwischen Eltern und Kind ist eine unmissverständliche und direkte Kommunikation notwendig. Beachten Sie daher, dass selbst kleine Kinder in der Lage sind, in Gesichtern zu lesen. Für sie sind ein verachtender Blick oder ein hämisches Grinsen genauso verletzend wie abfällige Worte. Auch ironische und sarkastische Bemerkungen sind fehl am Platz, denn Kinder können derartige Doppeldeutigkeiten noch nicht einordnen. Sie erkennen zwar die entgegengesetzten Botschaften, wissen aber nicht, welcher sie glauben sollen. Darunter wiederum leidet die Glaubwürdigkeit der Eltern.

Außerdem verlieren die Kinder das Gefühl, sich auf die eigenen Wahrnehmungen verlassen zu können. Eltern, die selbst sehr in Widersprüchen gefangen sind, werden daher mit verunsicherten Kindern und allen daraus sich ergebenden Folgen kämpfen müssen.

Klare Worte fassen

Von unschätzbarem Vorteil ist es, wenn Ihr Kind lernt, seine Gefühle und Gedanken in Worte zu fassen. Ihr Verhältnis wird enorm verbessert und bereichert, indem Sie mit ihm voller Respekt, direkt und ehrlich sprechen. Dabei steht das Zuhören an erster Stelle, eine Bewertung sollte nicht stattfinden.

In der Regel sollte das Fehlverhalten möglichst bald besprochen werden. Verstreicht zu viel Zeit, kann das Kind die Kritik nicht mehr richtig zuordnen und lernt nichts dazu.

Um sicherzugehen, dass Sie verstanden haben, was Ihnen Ihr Kind sagen wollte, können Sie das Gehörte noch einmal in ihre eigenen Worte fassen oder an bestimmten Stellen nachfragen. Ständige Wiederholungen oder sogar Vorwürfe und Jammern sind dagegen kontraproduktiv. Kinder schalten in diesem Fall schnell ab, in der Hoffnung, dass sich die Eltern nach ein paar Minuten wieder beruhigt haben und alles beim Alten bleibt.

Interessen durchsetzen
So erreichen Sie, was Sie wollen:
➤ Fragen Sie sich: Erhält mein Kind im Allgemeinen genug Aufmerksamkeit? Lobe ich es genug? Erfährt es ausreichend Anerkennung? Oder erwarte ich perfektes Verhalten, ohne dafür zu loben bzw. ohne mir bewusst zu machen, dass es sich in dieser oder jener Situation sehr vorteilhaft verhalten hat?
➤ Machen Sie sich bewusst, dass einige Ihrer Äußerungen keine Bitten darstellen, sondern Forderungen sind. Ihr Kind profitiert davon, wenn es lernt, solch eine Forderung zu erfüllen.

➤ Stellen Sie echten Kontakt her! Wenn Sie etwas von Ihrem Kind wollen, gehen Sie zu ihm, schauen Sie ihm in die Augen, und geben Sie erst dann Ihre Anweisungen.
➤ Seien Sie unmissverständlich! Sagen Sie »Ich will sofort, dass du das tust. Hast du mich verstanden?« statt »Könntest du das vielleicht tun?«.
➤ Wiederholen Sie Anweisungen! Diskutieren und argumentieren Sie nicht, werden Sie nicht ärgerlich oder ängstlich! Atmen Sie ruhig und tief, damit Sie sich nicht aufregen. So signalisieren Sie Ihrem Kind, dass Sie entschlossen zu Ihrer Forderung stehen.
➤ Bleiben Sie in der Nähe, solange die Möglichkeit besteht, dass Ihr Kind Ihren Anweisungen nicht nachkommt. Sobald die Sache erledigt ist (etwa Aufräumen), sagen Sie nur »gut« und lächeln kurz.

Fassen Sie sich kurz, wenn Ihr Kind eine Regel missachtet. Bei Sätzen wie »Du wusstest doch, dass du das nicht darfst …«, »Wie konntest du das nur machen …« oder »Haben wir dir nicht lange genug alles erklärt?« schalten Kinder schnell auf stur.

KINDLICHE GEFÜHLE
Es ist wichtig, dass Kinder lernen, ihre eigenen Gefühle ernst zu nehmen. Nur so sind sie auch in der Lage, die Gefühle anderer zu respektieren. Versuchen Sie daher zwischen der kindlichen Persönlichkeit und Ihren eigenen Wünschen und Bedürfnissen eine Balance herzustellen.

Wie sinnvoll sind Strafen?

Strafen sollten immer in einem logischen Zusammenhang zum Fehlverhalten stehen. Denn ein Kind kann nur dann daraus lernen, wenn ein positiver Sinn sichtbar wird. Darüber hinaus kommt es vor allem auf Ihre Konsequenz an. Drohen Sie nichts an, was Sie später nicht einhalten können. Bedenken Sie auch, Strafen sparsam und im richtigen Verhältnis zum Fehlverhalten zu dosieren. Verhängen Sie ständig irgendwelche Strafen, ist eine Abnutzungserscheinung nicht zu vermeiden. Bewahren Sie daher lieber Ruhe, und achten Sie darauf, dass Ihre Reaktion nie so ausfällt, dass Ihr Kind sie um ihrer selbst willen hervorrufen will (beispielsweise, weil es das wilde Gestikulieren der Mutter lustig findet).

Eltern müssen immer wieder über die Gründe für eine Strafe nachdenken. Hegen Sie etwa Rachegedanken gegenüber dem Kind (weil es beispielsweise die elterliche Meinung leichtfertig abtut)? Tragen Sie einen familieninternen Machtkampf aus? Lassen Sie sich davon nicht leiten! Schließlich soll Ihr Kind sich stets geliebt fühlen und auch merken, dass seine Eltern negative Konsequenzen nur sehr ungern anwenden, es aber tun müssen, wenn es sich nicht vermeiden lässt. Ziehen Sie in diesem Fall eine schnell durchführbare und sachliche Strafe vor, damit bald wieder ein entspanntes Verhältnis herrscht.

Die elterliche Macht nicht missbrauchen

Schaffen Sie ein Gleichgewicht zwischen Ihren eigenen Gefühlen und Empfindungen und dem Wissen um die weitaus größere Macht der Eltern gegenüber Ihrem Kind, die es nicht auszunutzen gilt.

Kritisieren Sie Ihr Kind nie, indem Sie es verletzen, niedermachen oder demütigen bzw. ein Problem verallgemeinern (»Immer machst du alles falsch«). Stellen Sie stattdessen Ihre eigenen Gefühle in den Vordergrund, und sagen Sie, was sein Fehlverhalten bei Ihnen auslöst: »Ich habe mir ziemliche Sorgen gemacht, weil ich nicht wusste, weshalb du zur üblichen Zeit noch

Studien ergaben, dass Eltern, die sehr schnell Strafen aussprechen (z. B. Hausarrest, Fernsehverbot, Ohrfeigen, Verweigerung des Gute-Nacht-Kusses), sich schwierige Kinder geradezu selbst heranziehen. Denn Strafen verfestigen oft das negative Verhalten.

nicht zu Hause warst«, »Ich fühle mich nicht wohl in deinem Kinderzimmer, weil es immer so chaotisch aussieht«, »Es ärgert mich, wenn immer ich dein Kaninchen füttern muss, obwohl wir das anders abgemacht hatten«.

Durch diese Art der Kommunikation merken Kinder, dass Sie ein ganz bestimmtes Fehlverhalten sowie eine momentane Wut, Angst oder Enttäuschung thematisieren. Es muss also nicht um Ihre grundsätzliche und fundamentale Liebe als Elternteil bangen.

Die Auszeit

Eine sehr erfolgversprechende Allroundstrafe ist das so genannte Time-out, die Auszeit. Mit ihr lassen sich Probleme im Vorschul- und Grundschulalter gut bewältigen – gerade bei bockigen Kindern und bei Machtkämpfen. Beim Time-out schließen Sie Ihr Kind für eine kurze Dauer von einer Aktivität aus oder setzen es in ein anderes Zimmer, schenken ihm in jedem Fall keine Aufmerksamkeit mehr. Lässt sich das nur schwer durchführen, hilft es auch, selbst das Zimmer zu verlassen. Bei Streitereien mit Freunden können Sie das Kind vom Spiel ausschließen und kurz zuschauen lassen, bis es sich wieder beruhigt hat. Bei Fünfjährigen ist dabei eine Pause von etwa 5 Minuten, bei Siebenjährigen von rund 7 Minuten angebracht. Ganz wichtig, bevor Sie das Kind ausgrenzen: Warnen Sie es vorher zweimal deutlich.

Loben und belohnen

Wenn es den Anschein hat, Ihr Kind würde geradezu versuchen, Sie zu provozieren, müssen Sie überlegen, ob es generell genug Zuwendung und Lob erhält. Eventuell will Ihr Kind nämlich auf diese negative Art und Weise Aufmerksamkeit erzielen, die Sie ihm sonst nicht ausreichend schenken.

Erhält ein Kind in Bezug auf kleine Alltagserfolge (es hat den Tisch toll

> **Viele Trotzanfälle von Kleinkindern lassen sich durch einfaches Ignorieren überstehen. In den meisten Fällen hört ein wütendes Kind nach spätestens 15 Minuten auf zu weinen, wenn es nicht beachtet wird.**

UNTERNEHMUNGEN STREICHEN
Vielen Erziehungsexperten scheint es die sinnvollste Strafe zu sein, eine bereits geplante Aktivität mit dem Kind nicht anzutreten. Auch dem liegt eine Logik zugrunde: Weshalb sollten Sie mit dem Kind, das Sie gerade maßlos geärgert und gereizt hat, in den Zoo gehen?

gedeckt, das Kinderzimmer allein aufgeräumt oder ist ohne Stützräder gefahren) wenig bzw. zu wenig Zuwendung und Anerkennung, stattdessen aber große Aufmerksamkeit bei einem Fehlverhalten, wird das negative Verhalten noch verstärkt. Schließlich sieht es für die Kleinen aus, als würden die Eltern nur bei Verfehlungen auf es reagieren, positive Dinge dagegen für uninteressant und nicht erwähnenswert halten.

Viel loben, wenig schimpfen

Wenn Sie viel schimpfen, also stark auf negatives Verhalten reagieren, verstärken sie genau dieses Handeln. Zwar ist Schimpfen oftmals eine berechtigte Gefühlsäußerung und in einer Atmosphäre, in der Gefühle offen und spontan gezeigt werden dürfen, durchaus legitim. Doch wie so oft kommt es auch hier auf das Maß an: Zu viel davon artet in Nörgelei aus, die keiner mehr ernst nimmt. Legen Sie daher Ihr Augenmerk verstärkt auf das positive Verhalten, und lassen Sie Ihrem Kind stets genügend Anteilnahme

und Lob zukommen. Ein zusätzlicher Vorteil: Lob stärkt die Motivation. Das Kind wird sich bemühen, das Verhalten zu wiederholen, um erneut eine positive Reaktion der Eltern zu erzielen.

Belohnungen können vielfältig sein

In besonderen Fällen können Sie das positive Verhalten Ihres Kindes auch durch Taten belohnen. Das kann ein Umarmen sein (soziales Belohnen), ein gemeinsamer Nachmittag im Zoo, Kino oder Schwimmbad, ein Spieleabend oder 15 Minuten den Rücken massieren. Natürlich können Sie auch auf materielle Weise belohnen, indem Sie ein neues Buch, neue Spielsachen oder eine neue Märchenkassette kaufen. In diesem Zusammenhang soll auch die innere Belohnung nicht vergessen werden, die sich beim Kind einstellt, wenn es etwas erreicht und geschafft hat – wenn es etwa einen großen Turm gebaut, ein tolles Bild gemalt oder das Aufräumen geschafft hat. Die innere Belohnung kann sich sogar dann einstellen, wenn das Kind erst

Der Ton macht die Musik! Werfen Sie Ihrem Kind Vorwürfe und Verallgemeinerungen an den Kopf (»Du bist ein fauler Junge!«, »Du hast schon immer gelogen!«), blockt es schneller ab.

widerwillig mit einer Sache begonnen, sie aber trotzdem zu Ende geführt hat.

Fazit

Konsequenz ist unabdingbar: Es ist wichtig, dass Eltern auf ein bestimmtes Verhalten stets auf die gleiche Art reagieren, damit sie für ihre Kinder berechenbar sind. Anderenfalls können Kinder das Vertrauen in ihre Erziehungsberechtigten verlieren.

Tipps für die Praxis

➤ Drücken Sie ab und zu ruhig ein Auge zu: Ausnahmen bestätigen die Regel.

➤ Überprüfen Sie aufgestellte Regeln: Lassen sie sich im Alltag umsetzen? Suchen Sie eventuell nach anderen Lösungen.

➤ Bewahren Sie Ruhe: Vorwürfe und Geschrei helfen niemandem weiter. Warten Sie stattdessen lieber ab, bis sich die Situation entspannt hat und Sie wieder sachlich mit Ihrem Kind reden können.

➤ Formulieren Sie Ihr Anliegen nicht als Wunsch oder Frage, sondern als Forderung.

➤ Reagieren Sie so auf Grenzüberschreitungen, dass Ihr Kind die Handlung logisch nachvollziehen kann.

➤ Vermeiden Sie leere Drohungen und vor allem allzu harte Strafen, die Sie in der Praxis nicht einhalten können.

➤ Achten Sie unbedingt darauf, dass Ihre Worte, Ihre Körpersprache und Ihr Tonfall zusammenpassen und sich nicht gegenseitig widersprechen.

➤ Setzen Sie statt auf Strafen lieber auf Belohnungen. Denn die positive Reaktion macht Ihr Kind zum »Wiederholungstäter«.

Kinder verlieren meist schnell die Lust am unmöglichen Benehmen, wenn die Eltern einfach das Zimmer verlassen. Denn dann können sie keinen mehr provozieren.

Lob stärkt das Selbstbewusstsein und -vertrauen Ihres Kindes.

Schwache Eltern ...

Sind Eltern in wichtigen Erziehungsfragen unsicher, tanzen ihnen ihre Kinder schnell auf der Nase herum.

Es ist nicht von der Hand zu weisen, dass es heutzutage eine gewisse Unsicherheit in Erziehungsfragen gibt. Dies liegt vor allem an der Tatsache, dass wir im Gegensatz zu früheren Zeiten aus zahlreichen unterschiedlichen Ansätzen wählen können. Die Folge: Aktuelle wissenschaftliche Studien zeigen, dass in Deutschland 30 Prozent der Eltern mit der Erziehung ihrer Kinder überfordert sind. Einige Experten gehen sogar davon aus, dass lediglich ein Drittel aller Eltern eine konsequente Richtung verfolgt. Alle anderen schwanken zwischen dem einen und anderen Erziehungsstil. Die Unsicherheit und Überforderung der Eltern bleibt nicht ohne Folgen: Jedes fünfte Kind im Alter von drei bis fünf Jahren soll bereits verhaltensauffällig sein.

Orientierungslosigkeit bei der Erziehung

Orientierungslose Eltern probieren bei der Erziehung ihrer Kinder mal das eine, mal das andere aus – dies jedoch stets halbherzig und ohne Überzeugung. Sie wissen nicht, ob sie ihre Kinder autoritär oder antiautoritär erziehen sollen bzw. wollen. Das größte Problem dieser Erziehungsfalle: Was sollen die Kinder lernen, wenn schon die Eltern weder ein noch aus wissen? Kinder brauchen und wünschen sich Eltern, die genau wissen, wo es langgeht und an deren Verhalten sie sich orientieren können.

Die Orientierungslosigkeit der Erwachsenen macht sich beispielsweise in folgenden Fragen bemerkbar: Handle ich jetzt zu streng, zu nachgiebig, der Angelegenheit und der Zeit angemessen? Machen es andere Eltern ebenso? Weshalb handle ich so und nicht anders? Habe ich überhaupt genug darüber nachgedacht oder nur aus einer Laune heraus entschieden? Zeige ich das gleiche Verhalten, das meine Eltern bevorzugten, ohne jemals reflektiert zu haben? Welche Erziehungstipps soll ich beherzigen? Ich weiß nicht, wem ich glauben soll: meinem Mann, meiner Mutter, meiner älteren Schwester, meiner Freundin, meinem Arzt, einem Psychologen oder dem aktuellen Erziehungsratgeber?

Da in unserer Gesellschaft allgemein gültige Normen und Werte abnehmen, fällt es vielen Eltern immer schwerer, Grenzen zu setzen.

Mangelnde Durchsetzungsfähigkeit

Setzen sich Eltern nicht durch, tanzen die Kinder ihnen auf der Nase herum. Denn Kinder lernen schnell, dass sie mit genügend Ausdauer und Hartnäckigkeit ans Ziel und an die Erfüllung ihrer Wünsche gelangen. Kinder sind äußerst aufmerksam und haben sensible Antennen für unsichere, schwankende Eltern, die ihr geringes Selbstwertgefühl und Selbstbewusstsein nicht leugnen können. Diesen Schwachpunkt nützen Kinder aus, und fragen, betteln und quengeln daher lieber einmal mehr als zu wenig.

Eltern, die Angst davor haben, autoritär zu sein (vielleicht wurden sie selbst noch so erzogen), haben oft

Probleme, sich durchzusetzen. Sie gestatten dem Kind viel, und wenn sie es doch einmal ermahnen, wirkt die Rüge oft halbherzig. Auch das hat Folgen: Wird vonseiten der Eltern nicht konsequent auf die Beibehaltung einer gezogenen Grenze geachtet, verliert sie für die Kleinen an Bedeutung. Was kümmert es schließlich ein Kind, wenn der Vater es zwar jeden Tag dreimal dazu auffordert, die Tür leise zu schließen, jedoch nichts passiert, wenn es sich nicht daran hält. Was soll sich ändern, wenn einfache Höflichkeitsregeln wie Danken und das Bitten um etwas nicht befolgt werden und die Eltern trotzdem immer lächeln und alles verzeihen?

Aggressive Eltern

Aggressive Eltern sind ständig wütend auf ihre Kinder. Dabei sind in den meisten Fällen nicht die Kleinen schuld an der schlechten Laune. Die Ursachen dafür sind an anderer Stelle zu suchen, beispielsweise in der Partnerschaft, am Arbeitsplatz oder in der Tatsache, dass sie sich in ihrer Elternrolle

nicht wohl fühlen bzw. diese sogar ablehnen. Dennoch reagieren diese Eltern ihre eigene innere Verspannung an ihren Kindern ab.

Aggressivität schadet dem Kind

Es kommt vor, dass Kinder das aggressive Verhalten ihrer Eltern als eine Art der Liebe interpretieren und denken: »Immerhin sind sie so interessiert an mir, dass sie mich anbrüllen, und da sie so laut schreien, müssen sie mich lieben!« Das liegt daran, dass Kinder eine negative Reaktion keiner Reaktion immer noch vorziehen.

Viele dieser Kinder neigen jedoch dazu, zurückzuschreien (um die Liebe zurückzugeben), was dazu führt, dass das Schreien zur Tagesordnung wird. Ganze Familien können sich auf diese Weise ein Kommunikationsmuster aneignen, das auf Außenstehende dann zwar sehr bedrohlich wirkt, für die Familie an sich aber sogar eine gewisse Intimität darstellt.

In anderen Familien mit großem Aggressionspotenzial ziehen sich die Kinder immer mehr zurück und verkümmern innerlich. Oder sie werden zu dem, was man ihnen tagein, tagaus vorwirft zu sein: Nervensägen, Faulpelze oder Schläger. Solche gedemütigten Kinder gehorchen ihren Eltern nur aus Angst, nicht etwa weil sie Sinn und Zweck einer Grenze erkennen.

Allerdings kann auch diese Angst wiederum in Aggressivität umschlagen. Sobald sie nämlich älter sind, wehren sich die Kinder auch körperlich gegen die Demütigungen ihrer Eltern und geben den Druck an Schwächere und Kleinere weiter (zum Beispiel an jüngere Geschwister). Ein Hinweis auf diese negative Entwicklung ist gegeben, wenn Kinder vor allem dann wild und aggressiv gegenüber körperlich Unterlegenen sind, wenn ihre Eltern außer Reichweite sind.

> **Beim Prinzip des »Radfahrer-Syndroms« wird nach oben gebuckelt, nach unten getreten.**

MACHT STRAFE DUMM?
Wer auf Strafe setzt, setzt auf Dressur, nicht auf Einsicht. Denn Kindern wird die Chance genommen, aus den eigenen Fehlern zu lernen. Strafen machen aber auch deshalb dumm, weil Kinder, die permanent Angst vor einer Bestrafung haben, weniger Risiken eingehen und weniger ausprobieren wollen als Kinder mit größerem Freiraum.

Strafen, nicht verletzen

Über Sinn und Einsatz körperlicher Strafen ist man sich heutzutage einig: Sie demonstrieren nur die elterliche Macht und haben in einer aufgeschlossenen Erziehung nichts zu suchen. Ebenso schädlich wie körperliche Strafen sind jedoch auch Strafen, die die kindliche Seele verletzen. Schweigen, nicht Beachten oder Sätze wie »Ich habe dich nicht mehr lieb« zerstören das Vertrauen der Kinder in ihre Eltern ebenso wie ihr Selbstwertgefühl. Wissenschaftliche Untersuchungen ergaben sogar, dass Kinder, die häufig mit Liebesentzug bestraft wurden, auch als Erwachsene sehr hart zu sich selbst sind, ein geringes Selbstvertrauen haben und zu starken Schuldgefühlen neigen. Das Fatale daran ist, dass sie dieses Erziehungsmuster oft wieder an ihre eigenen Kinder weitergeben, da sie es selbst von ihren Eltern nicht anders gelernt haben.

In offenen Machtkämpfen sind jedoch weder Kinder noch Eltern Gewinner. Siegen die Erwachsenen, haben sie zwar den Willen des Kindes gebrochen – aber auch die gute Beziehung verspielt. Kinder dagegen erkennen den hohen Stellenwert der Macht und werden versuchen, bei der nächsten Gelegenheit erneut zu kämpfen, um sich für die Demütigung zu rächen.

Laissez-faire-Haltung

Bei dieser Erziehungsvariante schenken die Eltern ihrem Kind nur wenig Zeit, Aufmerksamkeit und Zuwendung. Es genügt ihnen völlig, einmal einen Ausflug mit dem Kind zu unternehmen oder gemeinsam essen zu gehen. Alles andere (und Anstrengende) sollen Fachleute in Kindergarten und Schule übernehmen. Beim Schenken sind diese Eltern nicht kleinlich, wohl auch, um ihr Gewissen zu erleichtern. Konflikte und Schwierigkeiten werden dagegen nur zu gern unter den Teppich gekehrt.

Gründe für die Eltern

Es gibt mehrere Gründe für das passive Verhalten von Eltern, die weder fordern noch Grenzen setzen. Eltern können ausgelaugt und depressiv sein, das Kind ablehnen (etwa nach

»Angst vor Strafe kann zwar davon abhalten, etwas Unrechtes zu tun, aber sie veranlasst uns nicht, das Rechte zu tun.« (Bruno Bettelheim, Kinderpsychologe)

einer ungewollten Schwangerschaft), sich nicht mit der Elternrolle identifizieren oder ihr körperlich, geistig und seelisch nicht gewachsen sein. Auch die eigene Selbstverwirklichung ist diesen Eltern sehr wichtig, wobei sie keine Rücksicht auf ihr Kind und seine Bedürfnisse nehmen wollen. Unstimmigkeiten und Meinungsverschiedenheiten zwischen beiden Elternteilen tragen das ihre dazu bei. Und nicht zuletzt gibt es Eltern, die sich so sehr vor Erziehungsfehlern fürchten, dass sie ihren Kindern erst gar keine Grenzen setzen.

Früher oder später müssen passive Eltern jedoch feststellen, dass ihre Kinder ihnen auf der Nase herumtanzen und sie in keiner Weise ernst nehmen. Anfangs geben sie dem kindlichen Willen noch nach, mit der Zeit aber treten Ärger und Müdigkeit auf, da es sehr anstrengend ist, Kindern alles zu gestatten. Schließlich ist der Punkt erreicht, an dem doch ein bestimmtes Verhalten erwünscht ist: Den Eltern platzt der Kragen, und die Kinder werden jetzt äußerst aufgebracht und völlig unkontrolliert diszipliniert.

Passivfalle Umgangsrecht

Oft findet man passives Verhalten bei demjenigen Elternteil, der nach der Scheidung das Umgangsrecht innehat. Man mag in der kurzen Zeit nichts Schwieriges besprechen, nicht streiten oder großen Einfluss nehmen und ist häufig der Meinung, dass durch die begrenzte Zeit sowieso weder intensiver Kontakt noch intensive Einflussnahme möglich sind.

Doch indem man Probleme ausklammert, verzichtet man auf die Chance, eine intensive Beziehung zum eigenen Kind aufzubauen bzw. aufrechtzuerhalten. Das Kind fühlt sich dadurch bei wichtigen Dingen im Stich gelassen, wenn keine Reaktion auf einschneidende Ereignisse erfolgt. Kein Wunder, wenn ein solches Kind sich nicht ernst genommen fühlt.

Sollen Kinder unzählige Normen und Regeln befolgen, dürfen sich die Eltern nicht wundern, wenn sie irgendwann dagegen rebellieren. Mütterliche oder väterliche Gegendemonstrationen sind dann fehl am Platz. Versuchen Sie es stattdessen mit vermehrter Zuwendung.

PASSIVITÄT UND GEWALT

Misshandlungen werden vor allem von passiven Eltern begangen. Das Muster: Nachgeben, nachgeben, nachgeben, aus der Haut fahren. Untersuchungen ergaben, dass leider rund 30 Prozent aller Eltern solch ein Verhaltensmuster an den Tag legen, vor allem wenn sie kleine Kinder und noch wenig Erfahrung haben.

Auswirkungen auf das Kind

Kindern, deren Eltern sich wenig um sie kümmern, fehlt vieles: Sie sind orientierungslos und haben keine Vorbilder, denen sie nacheifern können. Sie müssen auf eine feste und emotional befriedigende Bindung verzichten und wissen nicht, ob sie den Eltern etwas bedeuten (keine Zuneigungsbekundungen, keine Wut, kein Interesse, kein echtes Mitgefühl). Diese Kinder wachsen einfach nebenher auf, ohne richtig beachtet und gewürdigt zu werden. Leiden die Kinder unter Kummer, merken das die Eltern nicht oder tun es als unwichtig ab. In beiden Fällen bleibt die elterliche Reaktion aus.

Die Reaktion auf eine derartige Lieblosigkeit kann ein ständiges provozierendes Verhalten sein (wann sehe ich endlich mal, dass ich ihnen etwas bedeute?), eine verstärkte Hinwendung zu Erzieherinnen, Großeltern, Tanten o. Ä., aber auch Resignation sowie Bindungsangst und -flucht.

Wird dem Kind dagegen zu viel Verantwortung übertragen, indem es eigene Entscheidungen treffen soll, denen es noch nicht gewachsen ist, lässt das Gefühl der Überforderung und des Alleingelassenseins nicht lange auf sich warten. Treiben die Eltern ihr Kind dann noch immer weiter voran, sieht man Zeichen der Hilflosigkeit. Aussagen wie »Ich weiß nicht so genau«, »Ich kann mich nicht entscheiden« oder »Vielleicht« sind ebenso ein Zeichen dafür, dass das Kind überfordert ist, wie die Tatsache, dass es häufig unruhig ist und seine Meinung schnell ändert.

Übermäßiges Verwöhnen

Lesen Sie Ihrem Kind jeden Wunsch von den Augen ab, ziehen Sie einen kleinen Prinz oder eine kleine Prinzessin heran – lebensuntüchtig, undiszipliniert und realitätsfremd.

Was hat es für einen Sinn, seinem Kind so viel Spielzeug zu kaufen, dass es selbst den Überblick darüber verliert? Nicht wenige Eltern haben schon beobachtet, dass ihr Kind beim besten Willen selbst nicht weiß, welche Puppe es beispielsweise zum Spielen nehmen

Die Auswirkung von Gleichgültigkeit gegenüber dem eigenen Kind auf die Entwicklung und Seele steht Misshandlunge kaum nach.

soll. Psychologen warnen daher, dass ein Zuviel an materiellen Dingen sich als Ballast für die Seele entpuppen kann.

Lernen Sie »Nein« zu sagen!

Machen Sie nicht den Fehler, Ihrem Kind aus schlechtem Gewissen alles zu kaufen, was es sich wünscht (etwa weil Sie zu wenig Zeit haben, sich ihm nicht genug zuwenden oder nur über ein geringes finanzielles Budget verfügen). Dadurch steigen die Ansprüche nur immer weiter. Müssen Sie dann irgendwann tatsächlich einmal Nein sagen, ist Ihr Kind erst verwundert (schließlich hat es dieses Wort fast noch nie von Ihnen gehört) und dann beleidigt. Da es aus Mangel an Erfahrung mit der Enttäuschung nicht umgehen kann, wird es fortgesetzt meckern, wütend werden und nicht nachlassen, sein Ziel zu Kindern, deren Eltern immer bemüht sind, alle Wünsche zu erfüllen, fehlt das Verständnis dafür, dass einfach nicht alles erfüllt werden kann. Sie verfügen über keine angemessene Frustrationstoleranz, so-

dass sie im »Ernstfall« völlig niedergeschlagen sind. Diese Kinder sind es gewohnt, immer im Mittelpunkt zu stehen. Für andere Menschen und deren eigenen Bedürfnisse ist da kein Platz.

Überbehütete Kinder

Es ist ein Problem unserer heutigen Zeit, dass Kinder oftmals zu behütet aufwachsen. Es gibt Eltern, die immer auf ihr Kind aufpassen, um es vor allem Unbill dieser Welt zu schützen, und sei es nur, dass es sich nicht schneidet oder fällt. Dabei vergessen sie, dass es nun einmal dazugehört, sich weh zu tun, sich zu verletzen oder in ein Fettnäpfchen zu treten. Indem Sie in schwierigen Situationen vorzeitig eingreifen,

> **Fällt einem Kind alles in den Schoß, muss es sich nicht anstrengen. Es lernt nie, sich seine Bedürfnisse durch eigenes Bemühen zu erfüllen oder darauf zu warten, dass der Wunsch in Erfüllung geht.**

> Lernen Sie rechtzeitig Nein zu sagen, sonst fällt es Ihrem Kind schwer, Ihre Meinung zu akzeptieren.

verhindern Sie, dass Ihr Kind lernt, mit Gefahren umzugehen. Aus demselben Grund ist es auch von Vorteil, wenn Kinder Konflikte unter sich austragen. Solange sie nicht mit gefährlichen Gegenständen wie Messer, Steinen u. Ä. hantieren, sollten Sie sie ruhig erst einmal sich selbst überlassen. Anderenfalls lernt das Kind nicht, sich zu streiten oder sich durchzusetzen. Wenn Sie zu viel verbieten (»Du darfst noch nicht ohne Stützräder fahren«, »Du kannst noch nicht Tee kochen«, »Du darfst nicht Fenster putzen«, »Du kannst noch nicht mit dem Computer umgehen« usw.), behindern Sie unter Umständen sogar die Entwicklung Ihres Kindes.

Natürlich dürfen Sie Ihrem Kind nicht alles erlauben, damit es nicht überfordert wird. Die Gefahr des Überbehütens liegt aber gerade darin, Dinge zu verbieten, die das Kind aufgrund seiner Fähigkeiten bereits leisten könnte.

Fazit

Schwache Eltern machen bei der Erziehung ihrer Kinder bedeutende Fehler. Es gibt eindeutige Anzei-

chen dafür, dass das Selbstverständnis der Erziehungsberechtigten infrage gestellt wird. So denkt eine schwache Mutter oder ein schwacher Vater:

➤ Ich stehe an letzter Stelle in der Familie. Meine Bedürfnisse sind nicht von Bedeutung. Ich habe nur Pflichten (für alle zu sorgen).

➤ Wenn ich mein Kind nicht glücklich mache, fühle ich mich schuldig und als schlechte Mutter/schlechter Vater.

➤ Ich bin ein Nichts. Aber mein Kind soll später ein »Jemand« sein. Ich werde alles dafür tun, dass es eine gute Schulausbildung bekommt. Ich will ihm auch materielle Wünsche erfüllen, dafür verzichte ich sogar selbst gerne auf eigene Wünsche.

➤ Was andere Leute sagen, das ist für mich sehr wichtig.

➤ Ich reiche meine Schuldgefühle an das Kind weiter. Ganz nach dem Motto: Schau, was ich alles für dich getan habe und worauf ich verzichte. Dafür musst du mich lieben, ehren und achten. Ich will, dass du dankbar bist, schließlich dankt mir ja sonst keiner.

Ein altes Sprichwort lautet: »Strafe im Zorn kennt weder Maß noch Ziel.« Suchen Sie daher bei negativen Gefühlen erst Abstand, ehe Sie ein klärendes Gespräch führen. Sonst regen Sie sich nur sinnlos auf.

> Das Leben ist ein Kampf. Man muss stets auf der Hut sein, um nicht unterzugehen. Immer und überall herrscht Leistungsdruck, schon im Kleinkindalter ist es wichtig, wer zuerst krabbeln, laufen oder sprechen kann.

> Pessimismus, Depressivität, Unflexibilität und fehlende Kreativität prägen mein Leben. Mir fällt nichts ein, wie ich das ändern könnte. Aber es würde sowieso nichts bringen, denn ich alleine kann doch nichts ausrichten.

> Das Wichtigste ist, dass ich meine Ruhe habe. Um des lieben Friedens willen gebe ich dem Kind, was es verlangt. Den Fernseher benutze ich als Babysitter. Die Spielzeugberge wachsen ins Unermessliche. Nur ist der Nachwuchs leider trotzdem nie lang zufrieden.

> Ich setze keine Grenzen, Regeln existieren nicht.

> Ich komme gegen mein Kind nicht an. Es ist zu aggressiv, faul, uneinsichtig, dumm etc.

> Schwache Eltern vergleichen ihre Kinder mit anderen Kindern und sich selbst mit anderen Eltern. Dabei haben sie stets Angst,

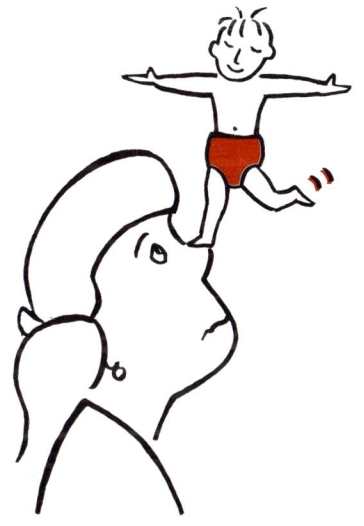

In schwachen Familien geben oft die Kinder den Ton an und die Eltern parieren.

schlecht abzuschneiden. Dieses Verhalten löst eine enorme innere Anspannung aus, z.B. Neid, Verzweiflung, Aggressivität, Vorwürfe gegen sich selbst und das Kind, Selbstzweifel oder Verdeckung der Zuneigung zum Kind.

Tipps für die Praxis

> Überprüfen Sie Ihr Handeln und Ihre Einstellung immer wieder anhand der oben angeführten Punkte, um eventuell vorhandene Schwachstellen in Ihrem Erziehungsstil herauszufinden.

> Verhalten Sie sich dann in kritischen Situationen so, wie sich starke Eltern verhalten würden (siehe Seite 40ff.).

Eltern, die ihre Schwächen erkannt haben, können durchaus noch gegensteuern, an sich selbst arbeiten und damit auch ihren Kindern helfen.

... starke Eltern

Geben Eltern ihren Kindern ausreichend Halt, Vertrauen und Liebe, ist das Familienleben harmonisch und ausgeglichen.

Starke Eltern treten ihren Kindern gegenüber bestimmt auf. Sie sind innerlich gefestigt und signalisieren Entschlossenheit, Zuversicht sowie Entspannung. Darüber hinaus bleiben sie ihrem Erziehungsstil stets treu und beherzigen – auf einen einfachen Nenner gebracht – in puncto Erziehung den alten Grundsatz: Glaube, Liebe, Hoffnung.

Was machen starke Eltern anders?

Starke Eltern stellen klare Grenzen und einfache Regeln auf. Auch Erklärungen, warum diese Grenzen und Regeln konsequent eingehalten werden müssen, fehlen nicht. Schließlich funktioniert nichts ohne ein gewisses Maß an Ordnung. Eltern sind dazu da, Richtlinien für das Familienleben aufzustellen. Ein wichtiger Grundsatz dabei ist es, die Kinder als gleichberechtigte Partner anzusehen, ihre Bedürfnisse und Wünsche also mit den eigenen in ein harmonisches Gleichgewicht zu bringen. In den meisten Fällen begreifen Kinder, dass es nicht zu viel verlangt ist, innerhalb dieser Gemeinschaft mitzuarbeiten. Infolgedessen versuchen sie auch, Lösungsvorschläge zu finden.

Seien Sie ein Vorbild!

Kinder orientieren sich sehr daran, was man ihnen vorlebt. Das Verhalten der Eltern beeinflusst sie mehr als alle Worte, mit denen Regeln und Normen umschrieben werden. Rund 90 Prozent ihrer eigenen Werte übernehmen sie von den Erziehungsberechtigten, was nicht verwunderlich ist, wenn man bedenkt, dass diese die wichtigsten (und anfangs oft auch die einzigen) Personen im Leben der Kleinen sind. Je weniger Kontakt Kinder zu Gleichaltrigen oder anderen Erwachsenen haben, desto stärker wird der Einfluss der eigenen Eltern. Sind Sie selbst beispielsweise oft aufbrausend und unbeherrscht, können Sie nicht erwarten, dass Ihr Kind in Konfliktsituationen ausgeglichen reagiert. Überlässt ein Mann das Kochen und Putzen seiner Frau, darf er sich nicht wundern, wenn sein Sohn ebenfalls nur ungern im Haushalt hilft. Sind Eltern nie pünktlich, dürfen sie auch nichts

Starke Eltern sehen ihr Kind nicht als untergeordnetes Wesen an, dessen Wünsche weniger wert sind als die eigenen.

anderes von den Kindern erwarten. Und herrscht auf dem Schreibtisch der Großen nur Chaos, wird es auch bei den Kleinen kaum ordentlich aussehen. Deshalb ist es sehr wichtig, wie Eltern sich verhalten: Wie Vater und Mutter miteinander umgehen, prägt alle familiären Beziehungen. Doch nicht nur das – die Eltern beeinflussen dadurch auch, wie ihr Kind selbst später Beziehungen gestaltet, wie es sich anderen gegenüber benimmt und welche Werte es verinnerlicht.

Im Idealfall ist die Beziehung der Eltern von gegenseitigem Respekt, von Achtung, Anteilnahme, Einfühlung, Rücksicht, Echtheit und Offenheit geprägt. Benehmen Sie sich immer so, wie Sie es von Ihrem Kind erwarten. In diesem Sinne sollte es auch für Sie als Eltern eine Selbstverständlichkeit sein, sich nach gewissen Regeln zu richten: Halten Sie Ihre Versprechen, befolgen Sie Rituale wie Gute-Nacht-Geschichte und Gute-Nacht-Kuss, lieben Sie Ihr Kind stets, und beschützen Sie es. Denn Taten haben mehr Einfluss als 1000 Worte.

Zuwendung und Liebe

Es ist sehr wichtig, dass Ihr Kind genug Zuwendung und Liebe erhält. Nur wenn Sie viel Zeit miteinander verbringen, wachsen Vertrauen und Vertrautheit zwischen Eltern und Kind, was auch dazu beiträgt, dass Ihr Kind Ihre Wünsche bereitwilliger erfüllt.

Kinder benötigen jeden Tag Erfolgserlebnisse. Starke Eltern vermitteln ihren Kindern, dass sie an sie und ihre Fähigkeiten und Talente glauben. Sie bringen ihnen Wertschät-

zung entgegen. Die Kinder fühlen sich dadurch geliebt – und zwar mit all ihren Fehlern und Unzulänglichkeiten. Bei so viel Vertrauen wächst das Kind innerlich, kann Kraft und Mut entwickeln.

Unterschätzen Sie auch nicht den Wert der körperlichen Nähe. Kinder benötigen von Anfang an Streicheleinheiten, um wachsen und gedeihen zu können. Ihr Urvertrauen kann sich nur dann entwickeln, wenn sie ausreichend Körperkontakt haben. Im schlimmsten Fall kann es durch mangelnde Zärtlichkeiten sogar zu Entwicklungsverzögerungen kommen.

Konflikte richtig austragen

Bei starken Eltern werden Konflikte trotz aller Harmoniebestrebungen nicht unter den Teppich gekehrt, sondern angesprochen und ausgetragen. Schließlich gehört auch Streiten zu einer Beziehung. Die Furcht, dass darunter das Familienleben und die Beziehung zueinander leiden würde, ist unbegründet, wenn Sie sich bemühen, fair und gerecht zu sein. Wenn Sie mit Ihren Argumenten nicht unter die Gürtellinie zielen, den anderen weder beleidigen noch verletzen und nichts verallgemeinern (»Du bist immer ...«), bleibt das gute Verhältnis auch weiterhin bestehen.

Machen Sie sich Luft!

Es ist eine Kunst für sich, Konflikte ruhig, gelassen und verständnisvoll zu beseitigen. Das bedeutet nicht, dass Sie Ärger einfach herunterschlucken sollen. Die innerfamiliäre Beziehung profitiert sogar ganz entscheidend davon, wenn Sie es schaffen, Ihren Gefühlen in Konfliktsituationen Luft zu machen. Dabei ist es jedoch sehr wichtig, nicht die ganze kindliche Persönlichkeit zu kritisieren. Denn wenn Sie Ihr Kind direkt angreifen, fühlt es sich ungeliebt, hört schnell weg und baut einen Schutzwall um sich auf, an

> Leute, die an das Gute im Menschen glauben, vermitteln Geborgenheit. Man empfindet es als Geschenk, dass sie einem etwas zutrauen, dessen man sich selbst noch nicht bewusst ist.

ERZIEHUNGSALLTAG
Erziehung beinhaltet zuallererst unzählige Erklärungen, Anweisungen und Zurechtweisungen. Jeden Tag müssen Sie Ihrem Kind etwas beibringen. Auch wenn dies nicht immer bewusst und mit voller Aufmerksamkeit geschieht, ist es doch von großer Bedeutung.

Laut aktuellen Untersuchungen haben rund 30 Prozent aller Eltern Angst, dass durch Streit das Familienleben leidet.

dem Ihre Beschuldigungen und Herabsetzungen ganz unreflektiert abprallen.

Der bessere Weg ist es, nur das momentane Fehlverhalten anzusprechen. Am besten gelingt dies, wenn Sie Ihr Anliegen in Ich-Botschaften formulieren, die Ihr momentanes Gefühl beschreiben (»Ich bin richtig wütend, dass das Buch nun kaputt ist«, »Es tut mir weh und ich bin traurig, wenn du mich haust«).

Der Ton macht's

In vielen Familien herrscht ein Umgangston, den man gegenüber Außenstehenden niemals anschlagen würde. Manchmal benehmen sich die Familienmitglieder untereinander sogar derart nachlässig und grob, dass man denken könnte,

sie wären gar nicht miteinander verwandt. Achten Sie darauf, dass es bei Ihnen nicht so weit kommt, vermeiden Sie unbeherrschte Ausdrücke oder barschen Befehlston. Fragen Sie sich immer, ob Sie auch beim Nachbarsjungen so reagieren würden.

Rechtzeitig abschalten

Starke Eltern haben gelernt, in heiklen Situationen rechtzeitig abzuschalten, und wissen, wann eine Diskussion oder ein Streit besser beendet werden sollte. Ist ihr Kind außer sich und keinen vernünftigen Argumenten mehr zugänglich und besteht die Gefahr, dass sie selbst verzweifeln, entziehen sie sich der Situation, zum Beispiel indem Sie eine Auszeit für den »wilden Sprössling« einrichten (siehe Seite 27).

Schluss mit der Opferrolle

Lassen Sie sich nicht von Schuldgefühlen plagen! Verwerfen Sie Gedanken wie »Ich darf mir das nicht herausnehmen«, »Ich muss für meine Kinder da sein« oder »Was sollen nur die anderen Leute denken?«. Eine starke Mutter und ein

BEZIEHUNGSPFLEGE

Auch wenn Sie gewissenhafte Eltern sind: Vergessen Sie nicht, Ihre Partnerschaft zu pflegen. Eine harmonische Paarbeziehung benötigt Zeit und Raum, die Sie sich unbedingt schaffen sollten. Denn stimmt die Beziehung, profitieren auch die Kinder davon. Ein Beispiel: Sind die Kinder ins Bett gebracht worden, dürfen sie ihre Eltern nur noch in Notfällen stören.

starker Vater nehmen keine Opferrolle ein. Stattdessen kümmern sie sich um ihre eigenen Bedürfnisse, gehen beispielsweise einem Hobby nach, tun etwas für ihre Gesundheit und pflegen gesellschaftliche Kontakte. Planen Sie also »Entspannungsinseln« in Ihren Alltag ein, um neue Kraft und Freude zu tanken. Vernachlässigen Sie nicht alles, was Ihnen neben der Familie wichtig ist, auch wenn Sie vielleicht nicht mehr ganz so viel Zeit wie vor der Elternschaft dafür übrig haben.

In einer starken Familie ist niemand alleine für den Haushalt zuständig. Nicht nur beide Eltern, auch die Kinder arbeiten mit. Die Kleinen können beispielsweise Blumen pflegen, die Haustiere füttern oder den Tisch abräumen.

Es ist nicht zu viel verlangt, wenn Sie Ihr Kind auffordern, Sie einmal kurz in Ruhe zu lassen, wenn Sie sich mit einem Gast unterhalten. Ebenso können Sie erwarten, dass Ihr Spross Rücksicht nimmt, wenn Sie krank sind. Starke Eltern spüren, wann sie die Notbremse ziehen müssen, weil sie dringend Ruhe, Entspannung und Entlastung brauchen. Sie werden alles dafür tun und notfalls mit Nachdruck einfordern, dass die Kinder diesem Bedürfnis nachkommen, anstatt sich selbst völlig zu verausgaben.

Immer wieder loben

Starke Eltern wissen, dass sie durch Belohnen ein bestimmtes Verhalten des Kindes verstärken können. Kinder lieben es, wenn sie gelobt werden – vorausgesetzt, das Lob ist ehrlich und ernst gemeint. Auch andere Verhaltensweisen eignen sich gut als »Verstärker«. Wenn Sie beispielsweise feststellen, dass Ihr Kind positiv darauf reagiert, wenn sie ihm aufmerksam zuhören, sollten Sie dies so oft es geht tun.

Vertrauen schenken

Vermitteln Sie Ihrem Kind, dass Sie ihm zutrauen, das Richtige zu tun. Vergleichen Sie es nicht mit anderen Kindern (wie es schwache Eltern gerne tun), sondern betrachten Sie seine individuellen Entwicklungsschritte: Wie weit war Ihr Kind vor sechs Monaten? Was hat es seitdem dazugelernt?

Anders als schwache Eltern setzen starke Eltern auf Belohnung statt Strafe, denn sie wissen, dass sie so das positive Verhalten ihrer Kinder stärken.

Kinder starker Eltern sind oft mutiger als andere und trauen sich selbst mehr zu.

Vermitteln Sie Ihrem Kind, dass Sie ihm nicht willkürlich Grenzen setzen, sondern dass Sie sich für diese Regeln aufgrund Ihrer langen Erfahrung und Ihrer Liebe zu ihm bewusst entschieden haben. Schenken Sie außerdem ausreichend Zeit, in der Sie sich intensiv mit ihm beschäftigen. Das treibt die Entwicklung stark voran. Füllen Sie den Terminkalender des Nachwuchses jedoch nicht vollständig, damit genug Zeit für Muße und freies Spielen bleibt. Denn dabei dürfen Kinder ihrer Kreativität freien Lauf lassen, sich ausruhen, Gelerntes und Erfahrenes wirken lassen.

Stehen Sie zu Ihrem Kind!

Kinder leiden extrem darunter, wenn sie sich als Mensch ungeliebt und abgelehnt fühlen. Wird dagegen nur ihr Verhalten in einer bestimmten Situation kritisiert, können sie das akzeptieren.

Ein Grundsatz der elterlichen Liebe muss es daher sein, dass Sie Ihr Kind nicht aufgeben, auch wenn dies in manchen Fällen schwer und fast unmöglich scheinen mag. Wer liebt, sieht auch dann noch das Gute im anderen, wenn alle anderen es nicht mehr wahrnehmen. Versuchen Sie diesen Anspruch immer zu erfüllen.

Aber auch starke Eltern können einmal die Nerven verlieren – wenn auch nicht jeden Tag, jede Woche. Doch sie entschuldigen sich im Nachhinein grundsätzlich bei ihren Kindern, erklären die Ursachen und versuchen beim nächsten Mal rechtzeitig die Notbremse zu ziehen.

Indem Sie nach einem Streit wieder auf Ihr Kind zugehen, wieder mit ihm reden und alles wieder in Ordnung bringen wollen, handeln Sie vorbildhaft. Denn Sie signalisieren ihm, dass auch Sie einmal Fehler machen (und machen dürfen) und dazu bereit sind, die Konsequenzen dafür zu tragen – eben indem sie

Seine Kinder von ganzem Herzen zu lieben und auch in schwierigen Phasen zu ihnen zu stehen ist das Ziel starker Eltern.

SPIELE ZEIGEN GRENZEN

Wollen Sie Ihr Kind fördern und fordern? Dann sind Gesellschaftsspiele ideal, bei denen für Eltern und Kind – anders als im Alltag – dieselben Regeln gelten. So können Kinder spielerisch von Ihnen lernen, wie man mit Niederlagen umgeht.

zurückkehren, sich entschuldigen oder nach anderen Lösungsmöglichkeiten für ein Problem suchen.

Rückendeckung durch andere

Es ist äußerst hilfreich, wenn Erziehungsberechtigte ab und an von anderen in ihren Erziehungsanstrengungen gestärkt werden. Lassen Sie sich daher bei der Kindererziehung von Ihrem Partner oder Ihrer Partnerin (einem guten Freund, einer netten Freundin oder der eigenen Mutter) unterstützen, der oder die ebenfalls Ihre Meinung vertritt und Ihrem Kind dies auch deutlich macht. Auf diese Weise hört das Kind Ihre Argumente noch einmal mit anderen Worten, was ihre Bedeutung betont und verstärkt. Vielleicht kann der andere einen Sachverhalt ja auch besser erklären oder bleibt gelassener, da er sich weniger unmittelbar betroffen fühlt als Sie selbst.

Fazit
Starke Eltern akzeptieren Ihre Kinder als gleichberechtigte Partner, engagieren sich aber dafür, dass innerhalb der Familie eine gewisse Ordnung herrscht. Daher setzen Sie Ihren Kindern klare Grenzen. Sie gehen Konflikten nicht aus dem Weg, sondern tragen sie auf ernsthafte Weise gemeinsam mit Ihren Kindern aus.

Tipps für die Praxis
➢ Seien Sie ein Vorbild! Verhalten Sie sich auch selbst so, wie sie es von Ihrem Kind wünschen.
➢ Zeigen Sie Ihrem Kind immer wieder, dass Sie an seine Fähigkeiten glauben. Schenken Sie ihm Ihr Vertrauen!
➢ Formulieren Sie Ihren Ärger und Ihre Ängste in Ich-Botschaften, statt Ihr Kind anzugreifen.
➢ Sie müssen nicht alles alleine schaffen! Holen Sie sich Rückendeckung, und lassen Sie sich bei wichtigen Erziehungsfragen bzw. bei Problemen mit Ihrem Kind vom Partner, Verwandten und Freunden unterstützen.
➢ Vergessen Sie sich selbst nicht! Planen Sie im Alltag genug Zeit ein, in der Sie eigenen Interessen nachgehen können.

Versuchen Sie in Konfliktsituationen, auch die Position Ihres Kindes zu verstehen, um mögliche Kompromisse schließen zu können.

Alltägliche Konflikte lösen

Mit den richtigen Ratschlägen lassen sich viele altbekannte Probleme bei der Erziehung konstruktiv lösen.

Wohl in jeder Familie kommt es im Alltag immer wieder zu Situationen, die Auseinandersetzungen und Reibereien nach sich ziehen. In diesem Kapitel finden Sie Lösungsvorschläge, die Wege aus dem Konflikt aufzeigen sollen. Die praxisnahen Beispiele sind sicher auch Ihnen so oder ähnlich bekannt.

Gutes Benehmen ist immer aktuell

Um sich in einer Gesellschaft sicher bewegen zu können, muss man ihre Spielregeln kennen und wissen, wie man sich richtig benimmt. Höflich zu sein und sich gut zu benehmen bedeutet, anderen Menschen Achtung und Respekt zu erweisen. Heutzutage versteht man unter Höflichkeit nicht mehr Knicks, Diener und andere verstaubte Rituale aus vergangenen Zeiten. Stattdessen wird eine soziale Intelligenz angestrebt, die sich durch gegenseitiges Verständnis, Rücksichtnahme und Voraussicht auszeichnet. Ein oberflächliches Abspulen von Benimmregeln ist nicht gefragt. Wenn sich Kinder jedoch bewusst oder unbewusst nicht an die gesellschaftlichen Konventionen halten, sind Konflikte vorprogrammiert.

Wie lernen Kinder gutes Benehmen?

Das Problem: Schlechtes Benehmen tritt nicht plötzlich auf, sondern entwickelt sich allmählich. Irgendwann bringt ein bestimmtes Verhalten das Fass dann zum Überlaufen. Doch wie können Sie Ihrem Kind von Beginn an gutes Benehmen beibringen?

Wehret den Anfängen! Legen Sie von Anfang an Wert auf gutes Benehmen. Von einem Kleinkind können Sie natürlich noch nicht viel verlangen. Aber Ihr Kind muss lernen, dass Benimmregeln zum Leben dazugehören und verfeinert werden müssen, je älter es wird. Das Vorbild der Eltern ist hier maßgebend. Achten Sie daher darauf, dass Sie sich anderen Erwachsenen, aber auch Kindern und vor allem dem eigenen Kind gegenüber höflich verhalten. Wenn sich die Eltern stets gut benehmen, werden dies auch

Gerade Kleinkinder haben eine gewisse Scheu, ihnen unbekannten Personen zur Begrüßung die Hand zu geben. Dies sollten Sie tolerieren, denn mit zunehmendem Alter trauen sie sich meistens von alleine, auf Fremde zuzugehen.

die Kinder tun, denn sie kennen es ja nicht anders!

Das A und O der Höflichkeit

Der Streitpunkt: Oft gibt es Meinungsverschiedenheiten darüber, worauf in puncto gutes Benehmen nicht verzichtet werden kann.

Die wichtigen Drei! Freundlichkeit, Hilfsbereitschaft und gute Tischsitten sind unverzichtbar. Meist reicht es, wenn Sie Ihrem Kind die wichtigsten Regeln dieser drei Themenkreise beibringen. Diese müssen jedoch eingehalten werden, damit sie sich als Verhaltensweisen fest verankern.

Was tun bei Regel-verstößen?

Der Konflikt: Manchmal benehmen sich Kinder (bewusst) schlecht oder zweifeln den Sinn einer Regel an.

Verständnis und Konsequenz sind wichtig! Will Ihr Kind nicht einsehen, dass sich beispielsweise Schmatzen und Schlürfen beim Essen unschön anhören, führen Sie

Auch wenn das Kind innerhalb der Familie nicht so folgsam ist, wie man es erwartet, kann es durchaus sein, dass es Fremden gegenüber sehr wohl das erwünschte Verhalten zeigt.

es ihm einfach einmal selbst vor. Vermutlich wird es über die Lautstärke der Geräusche erstaunt sein und seinen Fehler einsehen.

Fragen Sie sich immer wieder, ob Ihr Kind schon in der Lage ist, Regeln dauerhaft zu befolgen. Ist es beispielsweise aufgrund seines Alters motorisch noch ungeschickt, wäre es unsinnig, darauf zu bestehen, dass es während der ganzen Mahlzeit sein Fleisch alleine mit dem Messer schneidet. Ein oder zwei selbst abgetrennte Bissen sind schon ein schöner Erfolg. Fordern Sie aber auch nicht zu wenig, denn auf der anderen Seite lernen Kinder nur durch Übung. Daher gilt: Möchte Ihr Kind etwas ausprobieren, sollten Sie dies – solange die Sicherheit gewährleistet ist – auf keinen Fall unterbinden.

Ist ein Kind widerspenstig und uneinsichtig, hilft meist der Hinweis, dass sich andere durch das schlechte Benehmen gestört fühlen (»Dein Geschmatze, Gemansche und Geschlürfe verdirbt uns allen den Appetit und die Stimmung«). Notfalls müssen Sie weitere Konsequenzen ziehen (das Kind beispielsweise beim Essen in ein anderes Zimmer setzen, bis es bereit ist, sich an die vereinbarten Regeln zu halten).

Bedenken Sie aber: Wenn Sie Ihr Kind ständig kritisieren und seine Manieren immerfort in den Mittelpunkt stellen, verliert es möglicherweise gänzlich den Spaß am guten Benehmen. Das kann nicht das Ziel Ihrer Erziehung sein!

Hilfe im Haushalt

Dass Kinder im Haushalt helfen, sollte eigentlich eine Selbstverständlichkeit sein. Und fast überall auf der Welt ist es normal, dass der Nachwuchs kleine Dienste übernimmt. Perfekte Aufgabenbewältigung wird dabei nicht erwartet. Die Kinder sollen lediglich frühzeitig lernen, was es heißt, Verantwortung zu tragen. Meist erledigen sie ihre Aufgaben mit Stolz und Freude. Wenn alle bei der Hausarbeit helfen, versteht sich die Familie als Lebensgemeinschaft und Arbeitsteam. Weil sich jeder – seinen Kräften und seinem Können entsprechend – einbringt, ist keiner

übermäßig lange mit seinen Pflichten beschäftigt. Doch nicht immer klappt die Verteilung der Aufgaben völlig reibungslos. Auch hier ist das A und O: Konsequenz!

Eigene Aufgaben fördern das Kind

Das Problem: Viele Eltern haben Schwierigkeiten damit, ihrem Kind Aufgaben zu übertragen. Häufig hört man Sätze wie: »Du kannst das noch nicht« oder »Du musst mir nicht helfen. Später wirst du es noch genug machen müssen«. Auf diese Weise ersticken sie jedoch die natürliche Hilfsbereitschaft des Kindes bereits im Keim. Erfährt es öfter solche Zurückweisungen, wird es später wahrscheinlich kein Interesse mehr für die Hausarbeit aufbringen. Denn es hat gelernt, dass Mutter und Vater alles erledigen und seine Hilfe nicht benötigen.

Übertragen Sie schon früh Aufgaben! Lassen Sie Ihr Kind schon früh im Haushalt helfen. Übertragen Sie ihm ab einem Alter von etwa zwei Jahren einfache Aufgaben

> **Kinder, die im Haushalt mithelfen, lernen frühzeitig, was es heißt, Verantwortung zu übernehmen.**

Wenn Sie mehrere Kinder haben, sollten Sie aufschreiben, wer für welche Aufgaben zuständig ist, damit es später keine Reibereien gibt. Damit es gerecht zugeht, verteilen Sie die Pflichten im regelmäßigen Turnus neu (z. B. einmal pro Monat).

(beispielsweise) alte Zeitungen in den Zeitungskorb legen, Schuhe ordentlich in einer Reihe aufstellen). Die Pflichten sollten natürlich mit der Zeit immer anspruchsvoller werden. Sind Kinder an tägliche Aufgaben gewöhnt, sind sie gut gerüstet für später anfallende Routinearbeiten wie Hausaufgaben, die Pflege von Haustieren oder die Reinigung der Wohnung. Außerdem werden wichtige Fertigkeiten wie das Zeitmanagement (wenn ich noch Staub saugen soll, kann ich nicht mehr in die Bücherei) und die Einschätzung der eigenen Kräfte (ich kann nicht alle Aufgaben an einem Nachmittag erledigen) ganz nebenbei erlernt. Positiv ist auch die Selbstüberwindung, die man gelegentlich aufbringen muss.

Was kann ich meinem Kind zutrauen?

Der Konflikt: Nicht immer besteht Einigkeit darüber, was man von seinem Kind schon erwarten kann.

Die Aufgaben anpassen! Pflichten, die immer wieder auftreten und einfach zu bewältigen sind, eignen sich sehr gut für die Kleinsten. Ist Ihr Kind etwa vier Jahre alt, können Sie von ihm erwarten, dass es alleine den Tisch deckt und das eigene Geschirr nach dem Essen abräumt. Variieren Sie jedoch die Aufgaben, damit das Kind sowohl Arbeiten verrichtet, die es gerne tut, als auch solche, auf die es am liebsten verzichten würde. Achten Sie aber darauf, dass Sie Ihrem Kind nicht zu viele verschiedene Pflichten übertragen, denn Kinder bevorzugen feste Gewohnheiten.

Wie motiviere ich mein Kind?

Das Problem: Nicht immer wird Ihr Kind Lust haben, seine Aufgaben zu erfüllen. Manchmal kann es sogar vorkommen, dass es die Arbeit regelrecht verweigert.

Von Vorbild und Erfolg! Kinder lernen von ihren Vorbildern. Gehen Sie deshalb selbst mit gutem Beispiel voran! Wenn Sie Ihre täglichen Pflichten mit Lust und Elan angehen, wird Ihr Kind Ihnen nacheifern.

Beschweren Sie sich dagegen über täglich anfallende Routineaufgaben, wirkt sich dies auf die Motivation des Kindes eher negativ aus. Ebenso nachteilig sind Trödelei bei der Arbeit und das Vorsichherschieben von unangenehmen Pflichten. Am stärksten jedoch motivieren Erfolgserlebnisse. Wenn Kinder das Gefühl haben, dass ihre Hilfe wirklich nötig ist, sie gelobt werden und merken, dass man ihnen etwas Anspruchsvolles zutraut, werden sie ihre Aufgaben gerne erfüllen. Schließlich erhält nur derjenige eine schwierige Aufgabe, der sie auch bewältigen kann.

Sollte Ihr Kind trotz Ihres guten Vorbilds und regelmäßiger Motivation einmal keine Lust haben, seine Aufgaben zu erledigen, haben Sie vielleicht den falschen Zeitpunkt gewählt. Ist das Kind gerade ins schönste Spiel vertieft, will es natürlich nicht plötzlich durch irgendwelche Arbeitsaufträge vereinnahmt werden. Vereinbaren Sie daher eine feste Tageszeit, in der die Pflichten erledigt werden müssen. Wenn Kinder das Gefühl haben, dass man ihnen Aufgaben nur deshalb überträgt, weil sie etwas lernen sollen, werden sie nicht sonderlich motiviert. Gibt man ihnen aber das Gefühl, dass ihre Hilfe unbedingt gebraucht wird, so fühlen sie sich geehrt und sind infolgedessen zur Mithilfe bereit.

Übrigens: Für Kinder (aber auch für Erwachsene) ist ein ehrliches Lob bei der Erfüllung ihrer Pflichten eine der größten Motivationen.

Ordnung im Kinderzimmer

Einer der häufigsten Streitpunkte im täglichen Zusammenleben von Eltern und Kindern ist die Frage, wie viel Ordnung im Kinderzimmer herrschen sollte. Sicher können Sie als Eltern bestimmte Maßstäbe setzen. Machen Sie sich jedoch im Vorfeld klar, dass jeder Mensch eine andere Vorstellung von Ordnung hat und Sie dies letztendlich auch bei Ihrem eigenen Kind akzeptieren müssen. Auch können in der Zukunft ganz andere Ordnungsregeln gelten als heute. Schließlich wird auch die Welt immer unübersichtlicher und chaotischer.

Machen Sie Ihr Kind am besten von klein auf mit dem Aufräumen vertraut. Sie müssen ihm dabei genau zeigen, wie man was macht. Achten Sie aber darauf, dass Sie verschiedene Lösungsmöglichkeiten anbieten, und legen Sie Normen nicht zu kleinlich aus.

Kinder sehen im Durcheinander nichts Schlimmes. Im Gegenteil: Sie profitieren in einem gewissen Maß sogar von Unordnung, denn das ausgebreitete Spielzeug liefert Ideen für neue Spiele und fördert so ihre Kreativität.

Wie wird mein Kind ordentlich?

Der Konflikt: Kinder und Eltern haben recht unterschiedliche Ansichten darüber, was Ordnung ist. Und viele Eltern haben sich schon gefragt: »Wie schaffe ich es nur, dass mein Kind endlich ordentlicher wird?«

Mit gutem Beispiel voran! Wie viel Sie selbst von Ordnung halten, sieht Ihr Kind jeden Tag aufs Neue. Und daran orientiert es sich. Es ist also ziemlich aussichtslos, von seinem Kind mehr Ordnung zu verlangen, als man selbst an den Tag legt.

Gehen Sie also auch hier mit gutem Beispiel voran.

Weigert sich Ihr Kind aufzuräumen, sollte es ruhig auch einmal erfahren, wie unangenehm Unordnung sein kann (wenn es sich beispielsweise im Kinderzimmer nicht mehr bewegen kann, ohne auf etwas zu treten). Animieren Sie es zum Beispiel mit Musik und netter Unterhaltung zum Aufräumen, damit aus der »lästigen« Pflicht eine kurzweilige Arbeit wird.

Gibt es Ausnahmen?

Der Streitpunkt: Immer wieder gibt es Streit, wann aufgeräumt werden muss. Einige Eltern verlangen, dass täglich Ordnung gemacht wird, andere sind damit zufrieden, wenn dies einmal in der Woche geschieht. Egal zu welcher Partei Sie zählen, es wird immer wieder eine Frage auftauchen: »Darf man Ausnahmen dulden?«

Ausnahmen bestätigen die Regel! Gelegentliche Ausnahmen sollte es geben. Es wäre schade, wenn beispielsweise ein mühsam aus Baustei-

WAS ERLEICHTERT DAS AUFRÄUMEN?

Erleichtern Sie Ihrem Kind das Aufräumen, indem Sie Spielkisten oder offene Regale ins Kinderzimmer stellen. Unterschiedliche Farben zeigen, was hineingehört (z. B. Blau für Bücher, Grün für Legosteine). Schuhkartons eignen sich für Kleinkram. Was herrenlos herumliegt, kommt in eine »Fundbürokiste«. Diese wird nur einmal pro Woche geleert, so dass »verlorene« Teile nicht so rasch wieder gefunden werden (erzieherischer Effekt). Achten Sie auch darauf, dass sich die Fächer in den Regalen gut erreichen lassen, damit Ihr Kind alleine Ordnung schaffen kann.

nen aufgebauter Turm nicht etwas länger stehen bleiben dürfte. Würden Sie in diesem Fall auf das Aufräumen bestehen, könnte das die Lust am Bauen verderben.

Spielzeug reduzieren

Das Problem: Kinder wollen oft all ihre Spielsachen um sich haben. Doch gerade das führt häufig ins Chaos.

Auf Unnötiges verzichten! Sortieren Sie Saisonartikel aus. Machen Sie Ihrem Sprössling klar, dass beispielsweise das Sandspielzeug im Winter nicht benötigt wird. Darüber hinaus ist eine wechselnde Auswahl interessanter als das gesamte Sortiment. Und vergessen Sie nicht, dass ein Überangebot an Spielzeug die Konzentration des Kindes auf ein einziges erschwert.

Ab wann ist Unordnung schädlich?

Das Problem: Es gibt viele verschiedene Stufen von Unordnung – vom gepflegten Durcheinander bis zum »Messie«-Stadium (selbst Müll wird nicht weggeworfen) ist alles möglich. Viele Eltern fragen sich, an welcher Stelle sie eine Grenze ziehen und handeln müssen.

Hygiene geht vor! Die Grenze ist dann erreicht, wenn die Gesundheit gefährdet ist. Sobald hygienische Standards verletzt werden, müssen Sie durchgreifen. Tolerieren Sie also weder verdorbene Lebensmittel noch schmutzige Wäsche oder alte Papiertaschentücher, die im Kinderzimmer herumliegen.

Meine Suppe ess ich nicht!

Das Thema »gesunde Ernährung« führt nicht selten zu Streit. Denn Kinder haben in der Regel eine ganz andere Auffassung von ausgewogener Kost als ihre Eltern.

Ungesunde Vorlieben

Der Konflikt: Ihr Kind gibt Pommes, Spaghetti, Fischstäbchen, Pizza und Hamburgern den Vorzug gegenüber Obst, Gemüse und anderen

Je jünger das Kind, desto mehr müssen Sie beim Aufräumen helfen. Mit der Zeit sollte Ihr Anteil an der Arbeit jedoch immer geringer werden.

vollwertigen Nahrungsmitteln. Auf gesunde Kost reagiert es mit Protest und Geschrei, manchmal sogar mit Nahrungsverweigerung.

Seien Sie Vorbild! Wenn Sie selbst überwiegend ausgewogen und vollwertig essen, geben Sie nicht nur ein gutes Vorbild ab, sondern stellen automatisch die Weichen für die späteren gesunden Essgewohnheiten Ihres Kindes. Erklären Sie ihm auch, was man unter ausgewogener Ernährung versteht und warum sie unverzichtbar ist.

Mag ein Kind ein bestimmtes Gericht absolut nicht, gibt es eine kleine, schnelle und gesunde Alternativmahlzeit oder ein Butterbrot. Ein kleiner Trost, wenn das Kind partout nicht mit sich reden lässt: Geschmacksnerven entwickeln sich

> Zwingen Sie Ihr Kind nie zum Essen! Denn durch Zwang vermehren Sie Ekel und Ablehnung.

WIE VIEL IST GENUG?
Lässt Ihr Kind auch immer etwas auf dem Teller liegen? Keine Sorge, auf Biegen und Brechen alles aufzuessen ist passé. In der Regel sollte Ihr Kind immer selbst entscheiden dürfen, wie viel es essen mag. Denn Kinder verstehen es bereits früh, auf die Signale ihres Körpers zu hören, und es ist wichtig, dass sie lernen, sich selbst und die eigenen Bedürfnisse richtig einzuschätzen.

fortlaufend weiter, und Vorlieben wechseln häufig.

Um Süßigkeiten kommt man in der Regel nicht herum. Je mehr Sie sie jedoch mit Verboten belegen, desto reizvoller werden sie. Erlauben Sie dennoch nie zu viel Süßes auf einmal, sondern bieten Sie als Alternative Obst, Rohkost, Säfte, Joghurt, Bananenchips oder Studentenfutter an. Übrigens: Süßigkeiten sollten grundsätzlich nie als Belohnung eingesetzt werden.

Essen braucht Regelmäßigkeit

Der Streitpunkt: Jedes Familienmitglied isst, wenn es ihm gerade in den Sinn kommt. Statt ausgewogener Kost stehen meist ungesunde Snacks auf dem Speiseplan.

Führen Sie feste Essenszeiten ein! Eine gesunde Ernährung ist notwendig, um Körper, Geist und Seele fit zu halten. Zur ausgewogenen Kost gehört aber auch die Regelmäßigkeit der Nahrungsaufnahme. Wenn es irgendwie machbar ist, sollte wenigstens eine gemeinsame

Mahlzeit pro Tag zu einer festen Uhrzeit eingenommen werden. Besser ist es natürlich, alle drei Hauptmahlzeiten im Familienkreis zu genießen.

Was tun bei Appetitlosigkeit?

Das Problem: Ihr Kind isst meist nur sehr wenig und hat nie so richtig Appetit.

Spielerisch genießen! Sorgen Sie für viel frische Luft, Bewegung und eine lockere Atmosphäre während des Essens. Auch bei Kindern gilt: Das Auge isst mit. Richten Sie Speisen also appetitlich an und sorgen Sie für Farbe auf dem Teller. Laden Sie gelegentlich Freunde zum Mittagessen ein. Essen in Gesellschaft macht einfach mehr Spaß. Auch wenn Ihr Kind beim Zubereiten der Speisen helfen darf, wird es ihm sicher besonders gut schmecken. Kleine Spiele (Räubermahl, vornehme Gesellschaft, romantisches Essen usw.) lockern die Atmosphäre auf und machen das Essen zum Erlebnis.

Die Ursachen einer Essstörung können aber auch tiefer liegen. Konflikte zum Beispiel werden auch über das Essverhalten ausgedrückt. Unglücklichsein, Unzufriedenheit, Angstgefühle, Mangel an Anerkennung und Liebe sind mögliche Ursachen der Appetitlosigkeit.

Trödelei beim Essen

Der Streitpunkt: Ihr Kind braucht regelmäßig schier endlos, bis es mit dem Essen fertig ist.

Setzen Sie ein Zeitlimit! Sagen Sie Ihrem Kind, dass Sie noch etwa zehn Minuten am Tisch sitzen blei-

Wenn Ihr Kind ständig isst, sucht es wahrscheinlich eine Ersatzbefriedigung. Vielleicht fehlt ihm Anerkennung und Zuneigung, oder es will Langeweile und Sorgen vertreiben.

Schmeckt Ihrem Kind eine Speise partout nicht, können Sie als Alternative ein Butterbrot anbieten.

ben werden. Es kann sich dem entweder anpassen oder muss alleine weiteressen.

Essen als Erziehungsmittel

Der Streitpunkt: Diesen Satz hört man immer wieder: »Du gehst sofort ohne Abendbrot ins Bett!« Es gibt also kein Essen, wenn das Kind sich schlecht benommen hat.

Toleranz beim Essen ist wichtig! Beherzigen Sie immer wieder, dass Essen kein Erziehungsmittel sein

darf. Die Nahrungsaufnahme sollte nur mit Genuss und nicht mit Strafe in Verbindung gebracht werden.

Konsum und Spielzeug

Wenn die materiellen Ansprüche der Kinder nicht mit den Vorstellungen oder finanziellen Möglichkeiten der Eltern übereinstimmen, kann es zu schwerwiegenden Konflikten kommen.

Nicht jeder Wunsch muss erfüllt werden

Das Problem: Kinder sind der Meinung, dass jeder ihrer Wünsche erfüllt werden muss, und auch viele Eltern glauben dies. Nicht selten quillt das Kinderzimmer deshalb von Spielzeug fast über.

Weniger ist mehr! Machen Sie Ihrem Kind unmissverständlich klar, dass Wunschzettel völlig unverbindlich sind. Bedenken Sie, dass es bei zu viel Spielzeug zum so genannten Überforderungssyndrom kommen kann: Das Kind verliert den Überblick und weiß am Ende

Lehnen Sie Wünsche ab, wenn sie Ihren preislichen Vorstellungen und/oder moralischen bzw. pädagogischen Grundsätzen widersprechen.

Weniger ist mehr! Kaufen Sie Ihrem Kind qualitativ hochwertiges Spielzeug, das seine Phantasie anregt.

nicht mehr, womit es überhaupt spielen soll.

Schenken Sie daher lieber weniger als mehr. Auch um zu vermeiden, dass die Ansprüche des Kindes stetig wachsen, was schnell der Fall ist, wenn jeder Wunsch erfüllt wird.

Was soll man schenken?

Der Streitpunkt: Nicht immer besteht Einigkeit darüber, wie ein sinnvolles Geschenk aussieht.

Die Phantasie beflügeln: Spielzeug sollte grundsätzlich zu unterschiedlichsten Spielen einladen und die Phantasie beflügeln. Denn nur dann kann das Interesse des Kindes von Dauer sein. Mit Legosteinen beispielsweise lässt sich alles Mögliche bauen. Genauso gut kann ein Legostein im Spiel aber auch als Bus verwendet werden. Gutes Spielzeug lässt sich außerdem ergänzen (zum Beispiel neue Teile für die Modelleisenbahn oder die Puppenstube). Kinder sollten beim Spiel mit möglichst vielen Formen, Farben, Materialien und Düften in Kontakt kommen. Einseitigkeit führt zu De-

fiziten! Ein weiterer sehr wichtiger Aspekt: Die Qualität muss stimmen, Langlebigkeit, Belastbarkeit und Sicherheit sind Trumpf. Lassen Sie sich also nicht zu Spontankäufen im Supermarkt hinreißen. Achten Sie auf das CE-Zeichen, denn dann entsprechen die Spielsachen den europäischen Sicherheitsnormen und sind gesundheitlich unbedenklich. Besonders hochwertiges Spielzeug wird vom Arbeitsausschuss Kinderspiel und Spielzeug e.V. mit dem Spiel-gut-Punkt ausgezeichnet.

Spielzeuge beeinflussen! Es gibt Experten, die meinen, dass sich an der Vorliebe für ein bestimmtes Spielzeug sogar der spätere Berufswunsch ablesen lässt. Respektieren Sie daher die individuellen Neigungen Ihres Kindes.

Spielzeug, das Lebenserfahrungen aufgreift, ist besonders nützlich (beispielsweise ein Modellschiff, wenn Sie gerade eine kleine Schiffsreise hinter sich haben).

Ideal ist es, wenn Sie etwas schenken, das sich Ihr Kind schon lange wünscht. Geld und Gutscheine waren dagegen noch nie besonders originell. Wenn Sie tatsäch-

> **Schenken Sie kleinen Kindern nur altersgerechtes Spielzeug. Die Gefahr, dass sie Kleinteile in den Mund stecken, ist groß.**

lich keine Idee haben, ist es besser, das Geschenk schon im Vorfeld gemeinsam mit dem Kind zu besorgen (allerdings wird dadurch die Spannung drastisch reduziert).

Geschenke sind nicht das Wichtigste

Der Konflikt: Im Mittelpunkt von Geburtstag und Weihnachten stehen für das Kind nicht mehr das Fest und schöne Traditionen, sondern nur noch die Geschenke.

Aktivitäten in den Vordergrund stellen! Zeigen Sie Ihrem Kind, dass große Feste weitaus mehr als nur Geschenke zu bieten haben. Binden Sie es stark in Aktivitäten rund um das Fest ein. Wenn das Kind bei der Vorbereitung helfen darf, wird es sich viel stärker mit dem Anlass identifizieren: Warum sollte es nicht selbst seine Geburtstagseinladung entwerfen oder helfen, den Weihnachtsbaum zu schmücken?
Nehmen Sie sich außerdem viel Zeit für Ihr Kind, damit es merkt, dass diese Tage auch für Sie etwas Besonderes sind.

Es ist wichtig, dass Ihr Kind einsieht, dass nicht alle Wünsche in Erfüllung gehen, vor allem wenn wichtige Gründe (z. B. finanzielle) dagegen sprechen.

Die Wünsche übersteigen das Budget

Der Streitpunkt: Der Wunsch des Kindes übersteigt die finanziellen Möglichkeiten der Eltern oder überschreitet ein vereinbartes Limit.

Teams bilden! Fragen Sie Oma, Opa oder andere Verwandte, ob sie sich an dem Geschenk beteiligen wollen. Ältere Kinder können durch kleinere Arbeiten, die auf das Geschenk angerechnet werden, ihren Teil dazu beitragen, dass der Wunsch in Erfüllung geht (zum Beispiel zehnmal alle Schuhe putzen, zehnmal Staub saugen).

Andere sind kein Maßstab

Die Schwierigkeit: Ein Freund Ihres Kindes hat etwas Bestimmtes bekommen. Nun möchte Ihr Sprössling unbedingt genau das Gleiche.

Geschenke überdenken! Kaufen Sie nichts, nur weil es ein Freund besitzt oder weil es gerade »in« ist. Was hätte es beispielsweise für einen Sinn, jemandem ein teures Keyboard zu schenken, der sich noch nie für ein Instrument interessiert hat? Eine Blockflöte wäre dann für den Anfang sinnvoller und billiger. Besprechen Sie mit Ihrem Kind den Wunsch, und versuchen Sie herauszufinden, ob es sich dabei um ein echtes Bedürfnis oder ein angesagtes Statussymbol handelt.

Kinder und Fernsehen

Einer der häufigsten Konfliktpunkte innerhalb einer Familie ist der Fernsehkonsum. Schließlich ist es bei der heutigen Flut an Programmen nicht einfach, den Überblick zu behalten und zu entscheiden, welche Sendung gut für ein Kind ist.

Was dürfen Kinder sehen?

Der Streitpunkt: Eltern und Kinder sind sich nicht immer einig darüber, welche Filme geeignet sind.

Sorgfältig wählen! Gut geeignet für Kinder sind Sendungen, die Lust auf andere Aktivitäten machen, zum Beispiel Tierfilme, die den Wunsch auf einen Zoobesuch wecken. Vorsicht dagegen bei Filmen oder Dokumentationen, die Katastrophen, Unglücke oder Verbrechen zeigen: Man hat noch nicht erforscht, wie gut Kinder solche Botschaften verarbeiten können, weiß aber, dass sie meist mit Ängsten und Schlafschwierigkeiten reagieren.

Ein Fernseher im Kinderzimmer?

Der Konflikt: Kinder wünschen sich oft einen Fernseher für das eigene Zimmer. Viele Eltern sind sich nicht sicher, ob sie diesem Wunsch nachgeben sollen.

Der Fernseher gehört nicht ins Kinderzimmer! Grundsätzlich sollten Sie den Fernsehkonsum Ihres Kindes überwachen. Sobald der Fernseher jedoch in seinem Zimmer steht, ist diese Kontrolle nur noch sehr eingeschränkt möglich. Gerade das Kinderzimmer sollte ein Ort sein, an dem Ihr Kind sich ungestört und ungehindert aufhalten kann. Anfangs mögen die Eltern zwar noch Art und Dauer der Fernseh-

Medienwissenschaftler empfehlen, dass Kinder unter vier Jahren noch gar nicht fernsehen sollten. Zwischen vier und fünf Jahren dürfen sie maximal 35 Minuten am Tag vor dem Fernseher verbringen. Ab sechs Jahren ist bis zu einer Stunde am Tag erlaubt. Sieben bis Neunjährige sollten nicht mehr als 90 Minuten täglich fernsehen.

Um sich ein eigenes Urteil bilden zu können, sollten Sie regelmäßig (am besten immer) mit Ihrem Kind fernsehen. Besprechen Sie die Filme später gemeinsam, damit das Kind seine Eindrücke leichter verarbeiten kann. Kleineren Kindern hilft es dabei oft, die Fernsehgeschichten nachzuspielen.

sendungen kontrollieren – irgendwann jedoch bekommen sie es nicht mehr mit, wann die Kleinen Fernsehen und was sie anschauen. Wer läuft schon ständig ins Kinderzimmer, um zu prüfen, ob der Fernseher läuft? Fazit: Ein Fernseher hat im Kinderzimmer nichts verloren.

Ist Fernsehen gefährlich für mein Kind?

Der Streitpunkt: Eltern und Kinder sind oft uneins darüber, wie viel Fernsehen angemessen ist. Der Fernseher sollte nicht verteufelt werden, aber es gibt klare Anzeichen dafür, wann er eine zu wichtige Rolle im Leben des Kindes spielt.

Das Fernsehen darf das Kind nicht bestimmen! Fernsehen übt seit jeher eine magische Anziehungskraft auf Kinder aus. Diese wird umso stärker, je weniger Sozialkontakte und Interesse an sportlichen, musischen oder kulturellen Aktivitäten ein Kind hat. In einem solchen Fall müssen Sie Ihrem Kind vor Augen führen, dass das Spielen mit anderen Kindern oder Erwachsenen, Vorlesen, Lesen und andere Beschäftigungen wichtiger sind als der Fernseher. Schränken Sie gleichzeitig den Fernsehkonsum stark ein. Spätestens wenn das Kind nur noch von Fernsehhelden spricht oder sich der Tagesrhythmus des Kindes den Fernsehzeiten anpasst, besteht Handlungsbedarf! Bieten Sie Alternativen zum Fernsehkonsum: Eine Märchenstunde, ein Ausflug oder ein Bastelnachmittag sind mindestens ebenso unterhaltsam und fördern Ihr Kind wesentlich mehr als die beste Fernsehsendung.

Wenn Sie mehrere Kinder haben, können Sie auch eine Art Wettbewerb starten: Wer beispielsweise am Ende der Woche die wenigste Zeit vor dem Fernseher verbracht hat, darf sich etwas wünschen. Widmen Sie Ihrem Kind besondere Aufmerksamkeit, um es auf andere Gedanken zu bringen.

KONTROLLIERT FERNSEHEN

Das Wichtigste beim Umgang mit der Flimmerkiste ist, dem Kind zu vermitteln, dass Fernsehen nicht einfach gedankenlos konsumiert werden darf. Bereits vor dem Einschalten sollte klar sein, was man sehen will. Außerdem sollte mindestens ein Tag (besser mehrere Tage) pro Woche fernsehfrei sein.

Register

Die Autorin

Beate Weymann-Reichardt hat in Hildesheim Sozialpädagogik studiert und mit Diplom abgeschlossen. Sie arbeitet im Rahmen der verlässlichen Grundschule als Betreuungskraft und führt Elternabende durch, um den Bezug zur Praxis nicht zu verlieren. Die Mutter einer Tochter schreibt auch Beiträge für das Online-Handbuch des Staatsinstituts für Frühpädagogik, München.

Der Illustrator

Christian Weiß ist Diplomdesigner und Volljurist. Seine Kunst ist weltweit im Werbe - und Designbereich vertreten. Unter anderem arbeitet er für die bekannte Ritzenhoff-Kollektion. Aktuell wurde er mit dem Red-Dot-Award ausgezeichnet, einem der führenden internationalen Designwettbewerbe, um den sich jährlich 5000 Einsender aus 38 Ländern bewerben. Mehr Info über den Künstler unter: www.christianweiss.de

Hinweis

Das vorliegende Buch ist sorgfältig erarbeitet worden. Dennoch erfolgen alle Angaben ohne Gewähr. Weder Autorin noch Verlag können für eventuelle Fehler oder Schäden, die aus den im Buch gegebenen praktischen Hinweisen resultieren, eine Haftung übernehmen.

Der Südwest Verlag ist ein Unternehmen der Ullstein Heyne List GmbH & Co. KG
© 2003 Ullstein Heyne List GmbH & Co. KG, München

Redaktion:
Sylvia Hinderberger

Redaktionsleitung:
Nina Andres

Coverfoto:
Claudia Rehm, Stockdorf bei München

Illustrationen:
Christian Weiß / X-Design

Umschlagkonzeption und Innenlayout:
Lohmüller Werbeagentur, Berlin

DTP/Satz:
Veronika Moga

Produktion:
Angelika Kerscher, Gabriele Kutscha

Druck und Bindung:
Weber Offset, München
Conzella, Aschheim -Dornach

Gedruckt auf chlor- und säurearmem Papier
ISBN 3-51706678-8